AF458827

…e la Séparation de l'Église et de l'…

* * * * * * * * *

Discours de MM. Dr LE FUR, Dr DE…
ALPY, TAUDIÈRE, Paul LEROLLE, …
cution de M. de FOUQUIÈRES, Lett…
M. Jules DELAHAYE.

MM. [illegible] LE FUR, *président,*

J. RIBAULT, *vice-président,*

A. HERBLIN, *secrétaire général,*

Ch. RUELLAN, *trésorier général,*

H. de FRANCE, *Président du Comité d'études,*

J. de RICAULT, *membre du Conseil,*

V. VALENTIN-SMITH, *Id.*

[illegible] de VASSELOT, *Id.*

Fr. de VATHAIRE, *Id.*

de [illegible], *Id.*

[illegible] DIRECTION DES DAMES PATRONNESSES

Comtesse [illegible],

Comtesse BONI de CASTELLANE,

Marquise d'ELBÉE,

Comtesse de BRICHE,

Madame BAZIN,

Madame BERTRAND.

Le 27 mars, l'*Entente Nationale* a donné une impo[illegible] Réunion à la Société d'Horticulture, sous la présiden[illegible] M. Lerolle, député de Paris. — Le sujet choisi était ma[illegible] heureusement tout à fait d'actualité : il s'agissait de la *Sépara[illegible] tion de l'Église et de l'État*. — Les préoccupations actuel[illegible] concernant cette grave question, et la valeur des orateu[illegible] inscrits avaient attiré un très nombreux public : la salle [illegible] en effet absolument comble. De nombreuses personna[illegible] politiques, littéraires, plusieurs membres du clergé et dire[illegible] teurs d'œuvres s'étaient donné rendez-vous à cette Réun[illegible] qui a constitué à Paris la plus imposante des manifesta[illegible] catholiques organisées au sujet de la Séparation de l'Églis[illegible] de l'État. De nombreuses affiches avaient été apposées da[illegible] les différents quartiers de Paris ; et il paraît que des dépu[illegible] du bloc avertis par ces affiches, et désireux de connaît[illegible] l'opinion des catholiques sur le projet de loi en discussio[illegible] sont venus assister à la Séance. Ils ont dû être édifiés su[illegible] sentiments des catholiques concernant le projet de loi ai[illegible] que ses auteurs, et surtout sur l'attitude de défense [illegible] que et même d'attaque qui leur a été recommand[illegible] les différents orateurs.

Nous ne saurions assez remercier ceux-ci pour le préc[illegible] concours qu'ils ont bien voulu nous prêter : d'abord M. [illegible] *Docteur Dèche*, député de Lot-et-Garonne, membre de [illegible] commission de Séparation, qui a exposé avec une grande compétence et une remarquable clarté, le projet de loi en question ; puis M. *Alpy*, conseiller municipal, et M. *Taudière* qui se sont élevés avec vigueur contre l'injustice et l'esprit sectaire de la loi, le premier montrant l'influence prépondérante de la Franc-Maçonnerie, le second traçant aux catholiques leur devoir en face de cette loi ; — enfin M. *Lerolle*, qui dans un discours d'une superbe envolée, a recommandé à tous les catholiques français l'union sur le terrain large préconisé par l'*Entente Nationale*, l'union non dans la faiblesse et l'inaction, mais dans la résistance énergique et dans l'attaque vigoureuse de nos adversaires. Nous reproduisons plus loin *in extenso* ces éloquents discours, et nous recommandons à tous nos amis de s'en inspirer dans la lutte sans merci qu'il nous faut entreprendre contre les sectaires qui conduisent en ce moment la France à sa perte.

Nous avons eu le regret de ne pouvoir entendre M. *Delahaye*, retenu loin de nous par sa santé ; mais nous sommes heureux de pouvoir publier une lettre de lui nous faisant connaître son avis très autorisé sur la question de la séparation de l'Église et de l'État. Nous espérons d'ailleurs retrouver bientôt, à une de nos réunions prochaines, M. Delahaye qui joint à un merveilleux talent de parole, la conception très juste des difficultés présentes et des remèdes à leur apporter.

La Presse nous a donné aussi un précieux concours dont nous lui sommes très reconnaissants. — Parmi les organes de la Presse Parisienne, nous tenons à remercier spécialement les journaux dont les noms suivent et qui nous avaient envoyé un correspondant ou qui ont rendu compte de la Réunion : *Le Gaulois, le Figaro, le Journal des Débats, le Soleil, l'Autorité, la Patrie, la Presse, la Libre Parole, l'Éclair, la Croix, la Vérité Française, l'Univers, le Peuple Français, le Clairon, le Panache, l'Écho du 7*[e], etc.

Voici d'ailleurs quelques-uns des comptes rendus [illegible] par la Presse :

De l'Autorité :

La Séparation des Eglises et de l'Etat.
L'Entente Nationale.

La réunion organisée par le nouveau groupement de [illegible] *Nationale*, au sujet de la Séparation de l'Eglise et de l'Etat, [illegible] attiré hier soir, en la salle de la Société d'Horticulture, [illegible] deux mille catholiques, qui ont fait aux orateurs de l'[illegible] une légitime ovation.

Quel est le but poursuivi par l'*Entente Nationale?* Il est [illegible] exposé dans un tract qui était distribué à tous les [illegible] même temps que des primevères :

« Les graves événements auxquels nous venons d'assister et [illegible] se préparent encore dans l'ombre des Loges (désorganisation [illegible] l'armée par la délation ; séparation de l'Église et de l'État ; [illegible] cution religieuse, etc.), ont montré aux patriotes et aux [illegible] français combien les hommes actuellement au pouvoir [illegible] sent les traditions qui ont fait la force et la grandeur de [illegible] pays.

« C'est ce qu'a parfaitement compris un groupe de [illegible] çais, qui convient tous les honnêtes gens à s'unir pour [illegible] à ce mouvement de régénération vraiment national.

« Ce groupe, dont le nom plein d'espoir semble déjà [illegible] victoires prochaines : *L'Entente nationale pour la [illegible] intégrale des libertés de France,* sera la revanche du bon [illegible] ditionnel, véritablement français, sur l'esprit [illegible]

« C'est à la fois un groupe d'étude et un groupe d'action. [illegible] time, en effet, que son *action* doit être surtout *éclairée* : [illegible] l'étude impartiale de l'histoire les raisons qui firent la [illegible] *France,* et qui peuvent la refaire encore ; en déduire les [illegible] *françaises* d'ordre historique et politique, auxquelles [illegible] saurait se soustraire sans renier à la fois tout son passé [illegible] son rôle mondial. »

Dès l'ouverture de la séance, présidée par M. Paul [illegible]

[illegible] la Seine, M. le docteur *Le Fur* expose en termes précis le [illegible] l'*Entente Nationale* qui, après avoir, dans de précédentes [illegible] exposé la tradition sociale et ouvrière de la France, va [illegible] quels furent, dans le passé, les rapports de l'Eglise et [illegible], c'est-à-dire montrer la tradition religieuse du pays.

Après avoir remercié les orateurs présents, MM. Alpy, docteur Dèche, Taudière, d'avoir répondu à l'invitation cordiale du nouveau groupement, il explique ce que furent jadis les relations du pouvoir [illegible] avec le pouvoir religieux et il critique le rapport élaboré par M. Briand pour amener la séparation de l'Eglise et de l'Etat, par[illegible], la rupture du dernier Concordat accepté par la France et [illegible] par Pie VII et Napoléon Ier.

M. le docteur Dèche fait tout d'abord ressortir comment la commission de la séparation a cherché, dans son travail, à constituer une machine de guerre contre l'Eglise.

Il s'élève avec véhémence contre l'article qui laisse seulement pendant deux années à leurs fidèles, les églises, les temples et les synagogues.

Ce délai est trop court.

L'orateur montre combien il est singulier d'entendre les radicaux et les socialistes affirmer, à l'aube du vingtième siècle, que l'idée religieuse déforme les cerveaux.

— Mais, s'écrie-t-il, au milieu des applaudissements de tous les auditeurs, ce qui est bien plus singulier, c'est de l'entendre dire [illegible] des gens qui sont aujourd'hui des renégats !

L'honorable député critique ensuite l'article qui règle la formation des sociétés.

— Comment peut-on compter sur la lâcheté de quelques prêtres et de quelques catholiques pour détruire ce que la religion a de meilleur, l'unité !

Mais cette unité religieuse ne sera pas brisée, pense-t-il, pas plus que l'unité morale basée sur l'unité religieuse ; cette double unité se manifesta à Patay, à Loigny, à Reichshofen, partout où le drapeau est en danger.

En terminant, le docteur Dèche réclame la consultation populaire et s'élève contre les coups de force tentés pour violer les consciences.

M. Alpy, conseiller municipal, explique que la France n'est pas en république, mais en franc-maçonnerie, ainsi que [illegible] avec raison Mgr Gouthesoulard.

— Les lois, dit-il, les lois que vote le parlement [illegible] n'ont-elles pas été élaborées au sein des loges maçonniques [illegible] la république est pour nous la franc-maçonnerie à [illegible] comme la franc-maçonnerie est la république à couvert !

L'orateur indique ensuite que la haine, la fourberie et [illegible] apparaissent dans tous les articles du projet de loi, et il adresse [illegible] appel vibrant pour la défense religieuse par les moyens légaux [illegible] s'il le faut, par les autres moyens.

Avec une haute élévation de vues, en termes éloquents, M. [illegible] dière, professeur à l'Institut catholique, expose comment la [illegible] tion royaliste et la tradition catholique ont fait la France [illegible] forte et prospère.

L'orateur s'étend particulièrement sur la résistance à [illegible] dans le cas où la loi serait votée. Il préconise le groupement [illegible] catholiques en associations paroissiales et en unions [illegible] sous la direction des prêtres et des évêques, en étroite [illegible] avec le Saint-Siège apostolique.

M. Jules Delahaye, ancien député, devait ensuite prendre [illegible] parole. Malheureusement, au dernier moment, il fut [illegible] d'adresser à M. Le Fur une lettre d'excuses. Malade, il avait [illegible] vaincre le mal ; celui-ci l'avait vaincu.

Sa lettre de regrets, courte, mais toute vibrante d'émotion, [illegible] couverte d'applaudissements, et lorsque M. Lerolle, député, [illegible] parole, il se fit, dès le début de son discours, l'interprète de [illegible] adressant à M. Jules Delahaye, le vaillant lutteur, ses [illegible] prompt rétablissement.

M. Lerolle s'élève alors contre la tendance républicaine [illegible] truire peu à peu le dogme de la patrie et le dogme de la foi.

« La loi de séparation n'est qu'une loi provisoire !

« Les membres de la majorité rêvent déjà une loi encore [illegible] haineuse, mais il faut qu'on sache que nombreux sont les [illegible] prêts à tout sacrifier pour la défense de leur foi ! »

La séance est levée après quelques mots de M. André de [illegible] quières, sur la nécessité de s'unir et de s'organiser.

G. D.

De La Libre Parole :

L'Entente Nationale.

Hier soir, *l'Entente Nationale* a donné une grande réunion sur la séparation de l'Eglise et de l'Etat, à la Société d'horticulture, sous la présidence de M. Paul Lerolle, député de la Seine. La salle était absolument comble.

Le docteur Le Fur, président de *l'Entente Nationale*, après avoir exposé les rapports de l'Eglise et de l'Etat en France, sous les différents gouvernements, montre comment la troisième République, méconnaissant les traditions religieuses de notre pays, s'est efforcée par tous les moyens de détruire les bons rapports, que les gouvernements monarchiques antérieurs avaient entretenus avec l'Eglise.

Puis, dans des discours éloquents et très applaudis, M. le docteur Déché, député, membre de la commission de séparation, expose le projet de loi injuste et inique pour tous les cultes, et surtout pour le culte catholique ; M. Alpy, conseiller municipal, montre l'influence dominante de la Franc-Maçonnerie ; M. Taudière s'élève avec vigueur contre l'injustice de la spoliation et indique quelle doit être l'attitude des catholiques français en face de cette loi sectaire. M. Delahaye, ancien député, et M. Lerolle font appel à l'énergie de tous les bons Français, sur le terrain large, préconisé par *l'Entente Nationale*, pour repousser cette loi attentatoire aux droits de la conscience et aux libertés catholiques. En somme, très belle et très imposante réunion, qui fut un véritable succès pour *l'Entente Nationale*.

Quant à la presse de province, un très grand nombre de ses journaux ont tenu à reproduire un compte rendu de notre réunion, et plusieurs d'entre eux ont consacré des articles élogieux à l'*Entente Nationale*.

Citons : la *Gazette du Midi*, le *Nouvelliste de Bordeaux*, la *Gazette du Centre*, l'*Express de Lyon*, le *Journal du Midi*, la *Revue de l'Ouest*, le *Courrier des Deux-Sèvres*, le *Soleil du Midi*, la *Mayenne*, la *Vendée*, l'*Espérance du Peuple*, le *Journal de Rennes*, l'*Indépendance Bretonne*, le *Journal d'Indre-et-Loire*, le *Courrier du Havre*, le *Journal de Fécamp*, le *Courrier de la Manche*, le *Cotentin*, l'*Echo d'Etretat*, l'*Avenir Libéral*, l'*Express de Boulogne*, le *Journal de la Meurthe*, le *Réveil de la Haute-Saône*, le *Journal de l'Aisne*, le *Nouvelliste de Bellac*, le *Bien public*, le *Petit Creusois*, le *Narrateur de Saint-Mihiel*, le *Nouvelliste d'Amiens*, l'*Express de la Sarthe*, l'*Echo de la Mayenne*, l'*Avenir du Loir-et-Cher*, le *Réveil des Landes*, la *Semaine d'Yssingeaux*, la *Semaine de Cusset-Vichy*, la *Presse Grayloise*, etc.

Nous tenons à remercier tout particulièrement notre ami M. Oscar Havard qui, depuis la fondation de l'*Entente Nationale*, s'y intéresse d'une façon toute spéciale, et a bien voulu en exposer le but et le programme, ainsi que les progrès, dans les nombreux journaux de province dont il est le correspondant parisien.

Discours de M. le Docteur LE FUR

Président de *L'Entente Nationale*.

MESDAMES,
MESSIEURS,

Dans nos précédentes Réunions, nous avons exposé notre programme qui consiste, nous l'avons dit, dans l'étude et dans la défense de toutes nos Traditions Nationales. Les circonstances nous ont fait aborder jusqu'à présent l'étude de la Tradition Militaire et Patriotique, celle de la Tradition Sociale et Ouvrière. L'actualité — triste, hélas ! — fait que nous abordons aujourd'hui une tradition importante entre toutes : la Tradition religieuse, c'est-à-dire la Tradition Catholique.

Je tiens tout d'abord à remercier les orateurs éminents qui ont bien voulu nous accorder le concours de leur talent et de leur autorité, MM. Dèche, Alpy et Taudière. Je dois des remerciements tout particuliers au Président de cette réunion, à M. Lerolle, député de Paris, qui n'a pas craint de nous consacrer quelques heures au milieu des occupations nombreuses qui le retiennent au Parlement pour la défense de nos libertés catholiques.

La Tradition Religieuse en France, c'est-à-dire le catholicisme, est vraiment une tradition séculaire : aussi importe-t-il, croyons-nous, au début d'une réunion comme celle-ci, d'établir d'une façon précise et exacte — bien que forcément rapide — l'historique des rapports de l'Eglise et de l'Etat.

Cette méthode est d'ailleurs conforme à notre programme, car nous estimons que l'histoire, qui n'est, comme on l'a dit si justement, qu'un éternel recommencement, fournit bien souvent la clef de toutes les solutions. Et à ce propos je voudrais rappeler un mot de Talleyrand que je dédierai aux sectaires qui nous gouvernent : « Les ignorants, quand ils sont au pouvoir, peuvent faire un mal incalculable lorsqu'ils croient que l'histoire commence avec eux ». Il semblerait que c'est précisément le cas pour le sujet qui nous préoccupe actuellement.

Il est très important, Mesdames et Messieurs, de faire une étude historique sérieuse et précise du problème des Rapports de l'Eglise et de l'Etat : tant de fois déjà des conflits ont éclaté entre le pouvoir civil et le pouvoir religieux, et tant de fois aussi, la bonne volonté des deux partis en présence a permis de les aplanir !

Si cette étude avait été bien faite, elle aurait certainement empêché M. Briand, rapporteur du projet actuellement en discussion, de commettre autant d'erreurs historiques dans la préface à laquelle il n'a pas consacré moins de cent soixante pages ; et puisqu'il accorde tant d'importance à cet historique, la moindre impartialité aurait voulu qu'il fût exact.

Je ne relèverai qu'une seule phrase dans cet historique : « Le résultat, dit-il, de cet accord de la Royauté française avec Rome fut d'établir en France un pouvoir étranger favorable certes, dans certains cas, aux intérêts personnels du Roi, mais nuisible au pays. » Il n'est pas besoin de vous dire que c'est précisément tout le contraire qui est vrai, car tout le monde sait qu'à cette époque les intérêts du Roi se confondaient avec ceux de la Nation.

Sans vouloir remonter à Constantin et au concile de Nicée comme M. Briand, je voudrais, en effet, pour bien poser le problème, indiquer l'état psychologique des premiers Rois de France en face de l'Eglise et de la Papauté. Ces Rois étaient de grands seigneurs qui se trouvaient en face d'autres grands seigneurs aussi puissants ; or ils avaient à faire la France et à l'agrandir ; pour y réussir, il leur fallait se rendre favorable le clergé qui jouissait d'une influence énorme, tout en ne lui permettant pas trop d'empiètements sur leur propre pouvoir. C'est de là que naquirent les conflits, parfois assez fréquents et toujours aplanis, dont le principal fut celui de Philippe le Bel et de Boniface VIII.

Mais l'acte le plus important qui, pendant longtemps, régla les rapports de l'Église et de l'État, fut la Pragmatique Sanction de Bourges basée d'ailleurs sur les Conciles de Bâle et de Constance. C'est cette Pragmatique, datant de 1438, qui décida la suppression de tous les droits de réserve, d'expectative et d'Annates dont jouissait jusque-là la Papauté qui recueillait les revenus des premières années des Bénéfices ecclésiastiques. C'est elle aussi qui fit nommer les Évêques par les Chapitres, les abbés par les Communautés et confirma les droits des Églises Nationales et de l'Église gallicane en particulier.

Le Pouvoir Spirituel pouvait se plaindre de cette Pragmatique : c'est pourquoi François Ier, avec un sens politique très profond, conclut avec le Pape Léon X, en 1516, un Concordat qui porte son nom. Le Roi nommait à tous les Bénéfices ecclésiastiques mais le Pape donnait l'institution canonique et confirmait ainsi le choix fait par le Souverain. Enfin, le Roi accordait une satisfaction à la Papauté en rétablissant les Annates.

C'était vraiment la division complète, la séparation réelle des deux pouvoirs temporel et spirituel, civil et religieux : ce Concordat dura jusqu'en 1789. Un seul conflit s'éleva durant cet intervalle, ce fut sous Louis XIV qui, enivré du pouvoir absolu, publia la fameuse Déclaration des 4 Articles en 1682. C'était un retour complet à la Pragmatique Sanction : les 4 Articles furent enseignés obligatoirement dans tous les séminaires. Le Pape, alors, refusa l'institution canonique aux Evêques présentés par le Roi et, du reste, Louis XIV, Roi religieux, ne tarda pas à reconnaître son erreur et à rapporter son Ordonnance de 1693.

Je ne m'étendrai pas sur les Rapports de l'Église et de l'État pendant la Révolution. C'est la période la mieux connue et la plus importante qui, peut-on dire, a servi de préparation à l'époque actuelle. J'insisterai simplement sur un point qui constitue la plupart du temps une erreur historique, erreur qu'a très bien relevée M. Fernand Nicolay dans un livre récent intitulé : *Questions brûlantes*.

C'est le 2 novembre 1789 qu'eut lieu la *nationalisation des biens du Clergé* ; on entend ordinairement par là la confiscation de ces Biens. En se reportant aux discussions et aux Comptes Rendus de l'Assemblée Constituante, on voit que Mirabeau avait tout d'abord proposé un texte où il était dit que « les biens ecclésiastiques deviendraient la propriété de la Nation ». Devant l'indignation de l'Assemblée où des hommes comme l'Abbé Sieyès protestèrent avec énergie, Mirabeau modifia sa proposition, disant que « les Biens ecclésiastiques seraient *mis à la disposition* de la Nation ». La différence entre les deux rédactions est énorme et Mirabeau lui-même le comprenait bien lorsqu'il ajoutait : « Il ne s'agit pas précisément de prendre les Biens du Clergé pour payer les Dettes de l'État, ainsi qu'on a cessé de le faire [illegible]. On peut déclarer le principe de la propriété de la nation sans que le clergé cesse d'être l'administrateur de ces biens, *ce ne sont pas des trésors qu'il faut à l'Etat, c'est un gage et une hypothèque ; c'est du crédit et de la confiance.* »

Développant cette pensée, il ajoutait : « Je suis sûr que le clergé sera le premier à vouloir sauver la Nation dans cette heure critique en mettant *momentanément* ses Biens *à la disposition* de la Nation » ; et, lorsque le danger sera passé, il laisse supposer qu'il pourra les reprendre.

Nous verrons tout à l'heure les mêmes termes employés dans le Concordat et dans les Articles Organiques. Les sectaires veulent reprendre les églises disant qu'elles appartiennent à l'Etat. Ils s'appuient pour cela sur l'Article 12 du Concordat déclarant que « les églises seront *remises à la disposition des Evêques* », et sur l'article 75 des Articles Organiques qui spécifie que « les édifices destinés au culte seront *mis à la disposition des Evêques* ». Il y a évidemment là une contradiction flagrante qu'il importe de relever. Car si dans le premier cas, comme l'a très justement fait remarquer tout dernièrement encore Mgr Turinaz, biens mis à la disposition de la Nation, veut dire biens appartenant à la Nation, dans le second cas, églises mises à la disposition des évêques, signifie forcément : églises appartenant aux évêques.

Après cette Nationalisation des Biens du Clergé vint la *Constitution civile du Clergé* qu'il importe également de connaître car, lorsque le pouvoir civil veut empiéter sur le pouvoir spirituel, c'est toujours de l'esprit de cette Constitution qu'il cherche à s'inspirer.

Cette Constitution civile du Clergé, votée le 12 juillet 1790, comprenait plusieurs articles. D'abord le nombre des Evêques devait être égal à celui des Départements. Les conflits devaient être tranchés par des Synodes métropolitains ou diocésains, ce qui entraînait la suppression de l'appel en Cour de Rome, donc la non-reconnaissance de la suprématie papale et cependant, l'on avait soin d'ajouter, « sans préjudice de l'union de foi et de la communauté qui sera entretenue avec le chef visible de l'Eglise Universelle ». On reconnaissait encore à ce moment le Pape comme chef de l'Eglise, malgré les tendances manifestement antireligieuses de l'époque.

L'élection des Evêques consacrait l'idée de suffrage jusque dans le domaine religieux. Des traitements « convenables », dit le texte, et en effet bien supérieurs à ceux d'aujourd'hui, étaient assurés aux Membres du Clergé. Enfin, la loi de Résidence obligeait les Evêques à ne pas s'absenter trop souvent de leurs Diocèses.

Dès 1791, l'Assemblée exigea le serment et prononça la déchéance des prêtres réfractaires. Cinq Evêques seulement consentirent à signer cette constitution. Enfin le Pape la condamna dans son Bref du 13 avril 1791. Alors commencèrent les persécutions et la résistance admirable des Catholiques. On vit ce mouvement merveilleux de la Vendée et de la Bretagne se faire aux cris de « Vive Dieu ! Vive le Roi » et un Peuple tout entier se lever pour défendre ses libertés menacées. (*Applaudissements.*)

La Convention aggrava toutes les mesures d'hostilité contre le catholicisme en décrétant successivement le culte de l'Etre suprême, la suppression du budget des cultes et la séparation définitive de l'Eglise et de l'Etat, en septembre 1794, qui amena des protestations même de la part des évêques constitutionnels tels que Grégoire.

Sous le Directoire, l'anarchie religieuse est portée à son comble.

Nous arrivons ainsi jusqu'en 1801, à l'époque du *Concordat*, « œuvre d'un héros et d'un saint », comme on l'a dit. Napoléon, comprenant tout le parti qu'il pouvait tirer de la pacification religieuse, fit un véritable retour au Concordat de 1516, en réclamant pour lui, chef de l'État français, les mêmes prérogatives que les anciens Rois de France. Les grosses difficultés avaient trait aux acquéreurs des Biens nationaux et au Clergé constitutionnel.

Les pourparlers aboutirent cependant, grâce à l'extrême prudence de Pie VII et à l'énergie du Premier Consul qui, placé dans un milieu encore essentiellement révolutionnaire, imposa, il faut le reconnaître, le Concordat comme sa volonté propre à des gens qui n'en voulaient pas. Ce Concordat, malheureusement, fut augmenté par les Articles organiques non reconnus par le Pape et qui furent l'origine de toutes les difficultés dans la suite. Mais, en somme, quand le *Te Deum* solennel de réconciliation entre la France et l'Eglise eut lieu à Notre-Dame, en avril 1802, et quand le Pape vint couronner Napoléon en 1804, il semblait bien que la pacification religieuse était définitivement établie dans notre pays.

Chose curieuse, c'est précisément à ce moment que vont commencer les conflits. Napoléon viole en effet le Concordat à chaque instant sans jamais vouloir le rompre, il commet des actes très regrettables, des abus sans nombre tels que le décret de Schonbrunn, de mai 1809, révoquant la donation de « son prédécesseur, Charlemagne » et annexant à l'Empire les Etats du Pape. L'excommunication est alors lancée contre lui, le 18 juin 1809 ; il répond par l'invasion du Vatican et l'emprisonnement du Pape ; celui-ci refuse alors l'institution canonique, mesure toujours très grave pour un Gouvernement et qui constitue la suprême défense de la Papauté.

Bien d'autres empiètements du pouvoir civil sur le pouvoir religieux sont alors accomplis : la réunion d'un Concile national par l'Empereur, le Sénatus-Consulte de 1810 qui donnait une pension au Pape et rétablissait la Déclaration de 1682, ce qui constituait un véritable retour à l'Eglise gallicane ; enfin, l'abrogation du Concordat en 1813 et l'établissement d'un nouveau Concordat que le Pape, sous l'influence de circonstances particulières, accepta un moment, puis refusa de reconnaître.

Bref, Napoléon, après avoir fait une grande œuvre, la détruisit complètement.

La *Restauration* voulut renouer la Tradition religieuse. Sous Louis XVIII une série d'Ordonnances déclarèrent le Catholicisme « Religion d'Etat », abolirent le divorce ; puis vint la Loi de 1817 sur les Associations religieuses, leur donnant la faculté de recevoir des dons et des legs. L'Université fut réorganisée et placée sous la direction du Clergé ; le Grand-Maître fut remplacé par un Conseil royal.

Pour donner des preuves de son désir d'entente et d'union, Louis XVIII conclut avec la Papauté en 1817, un nouveau Concordat, qui rétablissait celui de 1516, supprimait les Articles Organiques et relevait le nombre des Evêchés de 50 à 82. Ce Concordat, accepté par le Roi et la Papauté, ne put pas être appliqué, l'opinion publique en France ne lui ayant pas été favorable.

Sous Charles X, fut votée une loi punissant les sacrilèges et une autre loi autorisant les Congrégations de femmes. Il est à remarquer cependant que ce Roi très religieux, et très dominé, a-t-on dit, par « la Congrégation » a malgré tout défendu les droits du pouvoir civil contre les empiètements du Pouvoir religieux en accordant les deux ordonnances de juin 1828 qui interdisaient l'enseignement à toute congrégation non autorisée et fixaient le nombre des élèves des petits séminaires à 20.000.

La Monarchie de juillet, quoique d'origine et d'essence révolutionnaires, assura le Pape de son attachement au Concordat ; la Chambre refusa de supprimer les Evêchés non concordataires et, dès cette époque, le parti catholique lutte pour obtenir la liberté d'Association et la liberté d'Enseignement.

La deuxième République n'osa pas rompre avec la Tradition religieuse en France. — Un comité des Cultes fut constitué pour essayer de mettre le Concordat et les Articles Organiques en harmonie avec la Constitution nouvelle. Il décida en outre que l'on ne pourrait apporter des modifications au Concordat qu'avec l'approbation du Pape. — Enfin l'élection du Président de la République de 1848, entre Louis Napoléon et Cavaignac se fit sur deux questions essentiellement religieuses : le rétablissement du Pouvoir Temporel qui entraîna l'expédition de Rome, et le vote de la loi sur la liberté d'enseignement du 15 mars 1850 (loi Falloux), qui établissait la supériorité de l'enseignement libre sur l'enseignement officiel.

Je passe rapidement sur les événements du règne de Napoléon III. L'Empereur avait de bonnes intentions, mais il sacrifiait trop au principe des nationalités et il en arriva à permettre à l'Italie de se lever contre le Souverain Pontife, après qu'il eut ordonné le retrait des troupes françaises ; malgré la convention conclue avec Victor-Emmanuel en septembre 1864 et l'écrasement de Garibaldi à la bataille de Mentana, avec l'aide des troupes pontificales (1867), nos défaites de 1870 entraînèrent la dépossession complète du Pape.

Nous arrivons ainsi à la troisième République. Jusqu'ici nous avons vu des conflits qui s'apaisaient à la longue ; maintenant, les conflits iront en s'aggravant. L'Assemblée Nationale était d'abord conservatrice et catholique ; mais après les élections de 1876 et le 16 mai, la République devint franchement athée et c'est alors que Gambetta put prononcer sa fameuse phrase aux applaudissements de tout le parti républicain : « Le Cléricalisme voilà l'ennemi. » Puis se produisit la succession des lois antireligieuses votées sous la troisième République et dont l'énumération suffit à réveiller des souvenirs douloureux au cœur de tous les catholiques sincères ; la loi sur l'enseignement de 1880 inspirée par Ferry qui excluait les Congréganistes de tout enseignement public et qui par l'article 7, expulsait certains ordres religieux ; la loi de 188 sur le droit d'accroissement ; celle de 1882 sur l'enseignement laïque et obligatoire ; celle de 1884 sur le divorce ; celle de 1887 sur les enterrements civils ; celle du 7 juillet 1904 proscrivant l'enseignement congréganiste ; enfin celle du 30 décembre 1903 enlevant aux fabriques le monopole des pompes funèbres.

Tout cela constitue une sorte de persécution religieuse chronique dont chaque poussée aiguë coïncide, chose curieuse, avec un nouveau scandale menaçant le régime : après l'affaire Wilson, survient l'agitation antireligieuse, provoquée par les pèlerinages français de Rome en 1891, puis la condamnation d'un Membre éminent de l'épiscopat français, Mgr Gouthe-Soulard, à 3,000 francs d'amende, pour l'énergie avec laquelle il avait défendu l'Église et critiqué le régime actuel. Après Panama, après l'affaire Dreyfus, le gouvernement fait voter la loi sur les Associations de 1901, loi préparée par un républicain modéré, M. Waldeck-Rousseau, et que M. Combes s'est contenté d'appliquer, comme vous le savez, avec sa brutalité coutumière. Cette loi aboutit à des conséquences épouvantables, menaçant les libertés les plus élémentaires des catholiques français. Non seulement on a dispersé les Congrégations non autorisées, mais encore une grande partie des Congrégations autorisées, et ce n'est peut-être encore là que le commencement de la persécution visant toutes nos belles et glorieuses Congrégations françaises. Nos missionnaires eux-mêmes qui portent au loin l'amour du nom français et de notre drapeau, commencent à être englobés dans cette proscription haineuse qui pousse notre gouvernement à sacrifier impitoyablement tout ce qui porte une cornette ou une soutane.

Aujourd'hui enfin, — et la mesure est comble, — c'est le projet de Séparation de l'Église et de l'État qui est soumis au vote de la Chambre.

On peut dire qu'il y a là une aggravation progressive et calculée des persécutions religieuses sous la troisième République, de telle sorte qu'on a pu affirmer avec raison que ce Régime était essentiellement anti-religieux. La raison en est facile à deviner : ce sont la République et la maçonnerie de concert qui font les lois : tous les projets sont préparés dans les Loges, et ils sont votés au Parlement par une majorité de francs-maçons. Aussi n'est-il pas exagéré de prétendre que la République et la Franc-Maçonnerie ne font qu'un actuellement, qu'elles sont intimement confondues, reposant l'une sur l'autre, se rendant des services mutuels et se fortifiant réciproquement, ce qui fait que l'on ne saurait, semble-t-il, attaquer l'une sans nuire à l'autre, et renverser l'une sans ébranler l'autre ; la ruine de l'une devant entraîner infailliblement la destruction de l'autre.

Que conclure de ce long historique que vous voudrez bien, Mesdames et Messieurs, me pardonner, car il était utile ? C'est que la Séparation est contraire aux vraies traditions de la France, à la grande tradition religieuse de notre pays, que les divers gouvernements ont tenu chez nous à respecter et à défendre.

Cette conclusion, je la trouve magistralement exposée dans une brochure récente de M. le comte de Castellane sur les Rapports de l'Église et de l'État, brochure très intéressante où il a mis cette question au point, et dont je vous demande la permission de vous citer quelques passages :

« Une expérience de quatorze siècles a prouvé que la distinction « et la division des pouvoirs civil et religieux peuvent seules « assurer l'ordre dans l'Etat. Chaque fois que l'un des deux pou- « voirs a tenté d'empiéter sur l'autre, chaque fois qu'il y a eu lutte « pour la suprématie, il y a eu trouble et guerre de religion.

« L'Église a toujours reconnu cettre grande vérité, mais encore « faut-il que l'autre puissance, l'Etat laïque, la reconnaisse à son « tour.

« La Monarchie française montra en cette question le sens le « plus fin et le plus juste de la vérité politique. François Ier, en « 1516, fixa les rapports de l'Etat avec l'Eglise nationale et avec la « Papauté par un « Concordat », qui est la consécration même de « la doctrine de la séparation des pouvoirs.

« Le Roi et le Pape, d'un commun accord, dans un acte arrêté et « consenti par les deux, obligatoire pour les deux, traçaient les « limites de leurs puissances réciproques.

« A la puissance temporelle revenait le droit de conférer aux « évêques et aux abbés les « bénéfices » c'est-à-dire les biens « attachés à la charge ecclésiastique, la portion de la terre de « France qui constituait la fortune matérielle et par suite l'indé-

« pendance de l'Eglise de France. Quant à la puissance spirituelle, « la Papauté, elle se réservait le droit de donner l'institution cano« nique, c'est-à-dire le sacerdoce.

« Cette conception était si juste et si forte qu'elle a été la règle « des rapports de l'Eglise et de l'Etat jusqu'à la fin de la Monarchie, « pendant près de trois siècles. Elle ne supprima ni les heurts « ni les conflits, mais il suffisait, pour adoucir les uns et résoudre « les autres, qu'elle restât respectée dans son essence et dans son « principe. (*Applaudissements.*)

L'erreur contraire, c'est-à-dire la domination du Pouvoir religieux par le Pouvoir civil, a égaré, comme nous l'avons vu, de grands hommes d'Etat, des génies politiques comme Louis XIV, imbu des idées gallicanes ; Napoléon Ier, qui après avoir conclu le Concordat, l'a souvent violé, sans jamais d'ailleurs le renier, Bismarck enfin qui, malgré sa toute-puissance et son autoritarisme, et après avoir affirmé qu'il n'irait pas à Canossa, a dû céder et modifier son attitude envers Rome, ce qui a certainement beaucoup coûté à son immense orgueil.

La Papauté est toujours sortie victorieuse de toutes ces épreuves. Même les gouvernements d'origine révolutionnaire et de principes démocratiques, comme la République de 1848, ont accepté et défendu le Concordat. Seule la Troisième République veut déchirer ce pacte séculaire et détruire la Religion en France. Mais là où ont échoué tous ces grands hommes d'Etat que nous citions tout à l'heure, nos modernes « Jacobins dégénérés », pour employer l'énergique et exacte expression de Ribot, ne sauraient réussir ; ce que leurs grands ancêtres de la Révolution n'ont pu arriver à accomplir, malgré tous leurs efforts et le sang répandu à flot, les pygmées révolutionnaires actuels ne peuvent avoir la prétention de l'obtenir.

C'est que l'on ne change pas ainsi l'âme et la Religion d'un Peuple. (*Applaudissements.*)

La Révolution en eu a la preuve pendant les guerres de Vendée et de Bretagne. Les héros bretons et vendéens, en accomplissant des merveilles de courage et de fidélité, devant lesquelles Napoléon lui-même s'inclinait, ont grandement contribué au retour de la Religion en France ; et s'ils ont été vaincus, leur défaite glorieuse a certainement hâté la pacification religieuse et décidé Napoléon, il l'a reconnu lui-même, à donner un Concordat à la France toujours restée catholique.

Prenons exemple sur eux, Mesdames et Messieurs, et préparons-nous à la *Résistance énergique*. Nous le devons d'autant plus que tous les moyens de conciliation sont épuisés : les catholiques ont poussé l'esprit de concession jusqu'à ses dernières limites. Maintenant, il ne reste plus qu'à lutter avec vigueur et à vaincre si possible. (*Applaudissements répétés.*)

Discours de M. le Docteur DÈCHE

Député de Lot-et-Garonne
Membre de la Commission de Séparation des Églises et de l'État

MESDAMES, MESSIEURS,

Mon très distingué collègue M. Lefas devait vous exposer ce soir le projet de séparation de l'Église et de l'État en ce moment en discussion devant le Parlement; empêché, il m'a prié de le suppléer. Vous voudrez bien pardonner à l'insuffisance de l'orateur à cause de la bonne volonté qu'il a mise à répondre à votre appel.

Je parlerai sans passion; la réforme dont il s'agit est d'une gravité telle que j'estime qu'il serait criminel d'en dissimuler la portée ou d'exacerber la résistance. Le domaine dans lequel elle nous fait pénétrer est le plus intime; il n'est d'aucun ressort; il est indépendant non seulement des pouvoirs publics mais même et surtout des contingences politiques.

Laissez-moi vous dire tout d'abord que nouveau venu à la politique et soucieux cependant d'accomplir rigoureusement mon mandat de représentant du peuple, j'ai signé un programme et un programme républicain; vous y chercheriez vainement la trace d'un engagement au sujet de la Séparation de l'Église et de l'État, personne ne m'en avait parlé et je n'ai eu à en parler à personne. Croyez-vous que je sois le seul député dans cette situation? Vous vous tromperiez étrangement; c'est à peine s'ils sont une centaine ceux de mes collègues qui ont fait allusion à la suppression du budget des cultes ou à la rupture du Concordat.

Quoi qu'il en soit, le 10 février 1903 la Chambre décida de nommer une Commission destinée à étudier l'importante réforme qui vous occupe. On en avait fini avec les congrégations, il n'en restait presque plus, et celles qui restaient se trouvaient situées dans des arrondissements de députés bien pensants, c'est-à-dire blocards; il eût été désastreux d'y toucher — on est un homme politique ou on ne l'est pas, — et Monsieur Combes est un homme très politique. Tout le mal qu'il pouvait faire, il l'avait fait; on avait attenté à la liberté individuelle de toute une catégorie de citoyens et aussi à leur droit de propriété, et cela non pas après un examen approfondi et particulier de chaque espèce comme le voulait la loi, non, mais en bloc, sans nuances ni égards aux services rendus. Dans ce siècle de rapidité outrancière, ce système, s'il n'était pas très libéral, avait le mérite d'être très modern-style.

En homme habile qui sent sa provision de moines s'épuiser, Monsieur Combes pensait aux curés et aux pasteurs dont l'exécution pouvait devenir utile pour maintenir l'union dans ses troupes ; gouverner n'est-ce pas prévoir ? Monsieur Combes est prévoyant. Cependant la Chambre moins intéressée dans son ensemble à diviser pour régner et n'ayant pris du reste, je le répète, aucun engagement devant le corps électoral, la Chambre, dis-je, ne voyait dans cette commission qu'un instrument d'études destiné à discuter et à élucider une question dont la solution pouvait être réalisable, mais dans un avenir dont il n'était pas possible de fixer la date.

Du reste les pronostics étaient plutôt pessimistes. Voici en quels termes notre président caractérisait notre rôle en prenant le fauteuil :

« Aucun de nous, disait-il, ne se dissimule les conditions très spéciales, pour ne rien dire de pis, dans lesquelles notre commission aborde sa tâche. Elle est venue au jour sous des auspices peu favorables, les augures sont unanimes à lui prédire une vie difficile. Ils ne s'entendent d'ailleurs que sur un point : que peut faire d'utile une commission partagée par moitiés égales à une unité près ? La discussion y sera, disent les uns, si passionnée, la lutte à chaque séance si acharnée, que le temps se passera en une longue querelle sans issue et que la Commission se perdra dans le bruit. Au contraire, disent les autres, le sentiment même de l'inutilité des débats qui ne peuvent pas aboutir paralysera vite des deux parts l'ardeur des combattants ; la Commission se perdra dans le silence. »

On ne peut pas mieux indiquer dans quel esprit le parlement avait nommé les trente-trois membres investis du mandat de discuter la Séparation des Églises et de l'État ; il avait voulu faire un geste, sans y attacher une importance autrement grande que celle qu'y avait attachée le pays ; on étudierait, on verrait, mais la réforme n'avait rien d'impérieux et peu croyaient à son utilité.

L'événement devait démentir ces pronostics. En effet, dès les premiers jours, cette commission composée d'hommes appartenant à toutes les nuances de l'opinion prit son rôle au sérieux. Empoignée, permettez-moi l'expression, par la haute gravité du sujet, elle apporta à son étude tout ce qu'elle pouvait avoir de lucidité d'esprit et de force de travail. Parmi les commissaires, quelques-uns se plaçaient uniquement sur le terrain de la liberté religieuse pure, d'autres s'inspiraient de la crainte que l'attitude de Monsieur Combes faisait concevoir, le petit nombre cherchait des représailles et l'avouait : mais personne au moins ouvertement ne semblait croire à la discussion immédiate d'une loi dont l'étude s'annonçait comme ardue et délicate au dernier chef.

La minorité tout au début demanda qu'on voulût bien lui dire l'avis du Gouvernement et plus particulièrement celui de Monsieur le Ministre des Affaires étrangères, car, quelque attachement que l'on puisse avoir pour ses opinions religieuses, il est du devoir absolu d'un homme politique de s'assurer tout d'abord si, pour combattre les idées d'autrui ou pour défendre les siennes, on ne risque pas de faire courir au pays une de ces aventures funestes que tous les regrets plus tard exprimés ne suffisent pas à absoudre. Or personne parmi nous ne voulant se lancer dans une voie qui pouvait être dangereuse pour le pays sans avoir au préalable l'opinion du représentant autorisé des intérêts français à l'étranger, nous avions à suivre l'exemple d'un grand chrétien et d'un bon français Monsieur Guizot, qui poussé, par un coreligionnaire de s'intéresser davantage aux intérêts protestants au dehors, lui faisait observer qu'à l'intérieur rien ne saurait l'empêcher de défendre sa foi, mais qu'à l'extérieur, la France avait l'obligation d'être surtout une nation catholique et lui ministre parlait au nom de la France et de ses intérêts. Qu'on le veuille ou non, il est un fait que personne ne peut contester, c'est que passé nos frontières, l'influence française est représentée par l'idée catholique ; l'influence anglaise, par l'idée protestante, et cette tradition affirmée par les siècles, personne ne peut la faire disparaître d'un coup de baguette, quelque intérêt que l'on puisse y avoir, pas même la protestante Allemagne ou la catholique Autriche. (*Applaudissements.*)

La majorité repoussa notre vœu et à une voix de majorité on passa outre; la chose probablement ne valait pas d'être examinée. Par deux voix de majorité on décréta « qu'il y avait lieu de séparer les Églises de l'État et de commencer l'examen des divers systèmes proposés pour remplacer le régime du Concordat ». Voilà la déclaration de guerre, celle qui après beaucoup d'autres de même nature indique bien l'état d'esprit dans lequel se trouvaient certains députés et qui fait comprendre comment va se poser et se trancher la question. C'est vainement, que plus tard, effrayé peut-être de la responsabilité qu'il va prendre, le Parlement voudra se retrancher derrière l'ordre du jour déposé par Monsieur Morlot, le 10 février 1905, et dont voici le texte :

« La Chambre constatant que l'attitude du Vatican a rendu nécessaire la séparation des Églises et de l'État et comptant sur le Gouvernement pour en faire aboutir le vote immédiatement après le budget et la loi militaire....... passe à l'ordre du jour. »

Oubliée, la décision prise par la commission deux ans auparavant, oubliées les fermetures de chapelles et de temples comme à Millau ; oubliés également les scandales entretenus à Dijon et à Laval avec la douce espérance de provoquer un schisme. Tout cela ne compte pas ; tout cela, ce sont misères sans importance et une fois encore on proclame solennellement que le lapin a commencé.

La Chambre vota cet ordre du jour. Elle avait enterré l'impôt sur le revenu, et n'était pas pressée d'étudier les retraites ouvrières ; le péril clérical était là pressant : vous le comprendrez sans peine, si vous voulez bien considérer que tous les préfets et pas mal de ministres sont francs-maçons, ce qui démontre surabondamment l'ingérence cléricale dans nos affaires ! Il fallait aviser, on allait s'attaquer au clergé séculier, on fait ce qu'on peut.

Cependant tout le monde n'a pas le même goût pour le paradoxe et il est des hommes politiques qui ne pensent pas avoir épuisé leur programme quand ils ont crié : à bas la calotte ! Il en est aussi qui apportent dans leur attitude une loyauté de tous les instants, qui, s'ils ne peuvent pas toujours convaincre, ont du moins cette suprême satisfaction d'inspirer le respect de leur personne et de leurs opinions. Un de ceux-là et non le moindre ne voulant pas laisser passer une affirmation inexacte que ne justifiaient pas les faits, protesta avec son éloquence ordinaire, et, donnant son vrai nom à la manifestation Morlot, Monsieur Ribot la qualifia de mensonge historique.

C'était la vérité : je crois que personne n'a pu dire mieux ni plus vrai. (*Applaudissements*).

La Commission chargea son rapporteur, Monsieur Briand, de lui apporter un projet. Le sujet paraissait tellement touffu que le besoin d'un canevas se faisait sentir ; je dois dire pour rendre hommage à la vérité que le rapporteur s'acquitta de sa tâche avec tout le libéralisme que l'on pouvait attendre de lui et avec une netteté dont pour ma part je lui suis reconnaissant. Le travail était presque terminé, le gouvernement toujours muet nous laissait aller dans le vague ; il semblait de plus en plus que la commission préparait quelque chose de lointain. Tout à coup Monsieur le Président du Conseil d'alors, ministre de l'intérieur et des cultes, demande à être entendu ; il n'apporte pas un projet ; oh non, une simple critique de ce que nous avons fait et si libérale ! La commission avait permis aux associations cultuelles de se réunir en associations nationales ; Monsieur Combes désirait qu'elles ne s'étendissent pas au-delà d'un département et que tous leurs membres fussent domiciliés dans le canton : c'était l'étranglement par persuasion de toutes les églises israélites et protestantes. Ces dernières avaient eu le mauvais goût de ne pas approuver les idées séparatistes du prince et le prince les étranglait, quoi de plus naturel ! Il comptait sur leur appui pour supprimer les catholiques, et voilà que dans un élan de solidarité chrétienne les protestants rappelaient le premier ministre au respect de la liberté. Cette audace méritait d'être punie et Monsieur Combes les punissait. Cependant sa grande âme ne voulait pas la mort des Églises ; il leur abandonnait la jouissance des édifices consacrés au culte, gratuitement pendant deux ans, juste le temps de dire en 1906 aux électeurs que rien n'était changé et qu'on se plaignait à tort. J'avoue à ma honte que je ne pus supporter des mesures si libérales, je protestais, trop violemment peut-être ; mes amis de la minorité, dans tous les cas, m'approuvèrent. Le libéralisme du gouvernement rappelait trop évidemment celui de Louis XIV révoquant l'Édit de Nantes. Catholique, il ne me convenait pas de prendre ma part de responsabilité d'une mesure qui frappait au cœur des Églises chrétiennes ; Républicain, il m'était impossible de prêter les mains à un attentat contre la liberté.

Les critiques gouvernementales devinrent le projet Combes. Cependant les événements se précipitaient et vous avez tous présente à la mémoire cette séance du Parlement, où éclata cette vérité que le péril clérical était un fantôme et le péril maçonnique une vérité. On avait proscrit toutes les congrégations religieuses qui étaient réputées intervenir dans les affaires de l'État, et voilà que tout d'un coup on s'apercevait qu'il y avait bien une congrégation puissante dans les sphères gouvernementales, mais qu'elle n'avait rien de religieux. Vainement on essaya de confondre un système de délation parfaitement condamnable et qui fut condamné, avec la république ; vainement le président du Conseil déclarait-il qu'il ignorait tout cela, affirmation que personne du reste ne prit au sérieux. Il fallut laisser le pouvoir et passer le maroquin.

Le nouveau ministère, accueilli avec méfiance par les partis extrêmes, avec circonspection par la fraction modérée, fut mis en demeure de prendre à son compte la Séparation de l'Église et de l'État. Cette hâte de l'ancien bloc de voir le nouveau gouvernement s'embarquer sur cette galère, n'allait peut-être pas sans le secret espoir de le voir sombrer pour recommencer l'ancienne besogne sous l'ancien chef. Cet espoir, s'il exista, fut déçu ; le ministre demanda à être entendu par la commission et lui apporta son projet.

Je dois dire tout de suite que le nouveau projet gouvernemental, s'il gardait quelques dispositions de l'ancien, était cependant plus libéral. Il permettait aux associations de s'unir par groupes de dix départements. La commission ne le suivit cependant pas dans cette voie et maintint la possibilité pour les associations cultuelles de s'unir en unions générales.

Je ne saurais analyser dans son entier le projet en ce moment en discussion ; le temps matériel me manquerait et j'aurais peur d'abuser de votre patience. Permettez-moi donc de vous en signaler simplement les grandes lignes et d'attirer plus particulièrement votre attention sur les articles les plus importants :

Tout d'abord l'article 10, qui a trait à la dévolution des biens ; comme je vous l'ai déjà dit, l'abandon à titre gratuit pendant deux ans des édifices affectés au culte est une de ces petites ruses qui ne trompent personne ; on veut pouvoir dire en 1906 aux électeurs : de quoi se plaignent les défenseurs de l'idée religieuse ? Ils prétendent qu'on les persécute ; est-ce que votre église ou votre temple n'est pas ouvert comme par le passé ? est-ce que votre curé ou votre pasteur ne sont pas toujours dans leur presbytère, et cela sans qu'il vous en coûte un sou. Cela peut avoir la prétention d'être très fort mais ne trompera personne ou du moins cela ne trompera que ceux qui voudront se faire complices d'une mauvaise action.

On veut nous louer les Églises, à nous ou à d'autres, surtout à d'autres ; l'enceinte dans laquelle se sont accomplis les actes les plus graves ou les plus chers de notre vie sera donnée à bail ; on mettra à l'encan les dalles sur lesquelles ont prié nos mères, le catafalque sous lequel la dépouille de notre père a reçu la dernière bénédiction et nos dernières larmes. On louera à temps ces espaces sacrés où comme dans certains endroits de la Navarre française chaque pierre foulée par nos pieds recouvre une tombe. On daignera accorder dix ans de paix à ceux que Dieu a couchés pour l'éternité. Non, cela n'est pas possible : toujours ou pas du tout. (*Applaudissements*).

Quel est donc le crime qu'a commis le christianisme pour mériter un pareil châtiment ? Il déforme le cerveau, disent ses ennemis qui du reste sortent tous des séminaires ou du moins la plupart. Il est un obstacle à la liberté humaine, clament des hommes qui lui doivent leur liberté intellectuelle, et dont la belle indépendance de cœur affirme le mépris qu'ils ont de la reconnaissance.

Eh quoi ! l'on est sûr à ce point que l'idée chrétienne est une idée dangereuse, qu'elle doit être chassée du cerveau humain si l'on veut que l'humanité progresse. Vingt siècles de science, de gloire et d'art ne comptent plus, Raphaël, Michel-Ange, Newton,

Pascal et tant d'autres sont des cerveaux déformés. Une affirmation aussi audacieuse ferait sourire si elle ne faisait pitié.

La religion ne gêne aucun chercheur. La science est comme un grand livre où sont écrits en caractères cachés les lois et les secrets de la nature, livre prodigieux que Dieu a mis devant l'homme comme un but à son intelligence. Quelques privilégiés ont le don de lire quelques feuillets et remplis d'enthousiasme par le peu qu'il leur a été donné de comprendre, ils sentent le respect les envahir à cause de ce qu'ils soupçonnent encore ; ils s'inclinent devant l'éternel. En observant les astres, s'écrie un astronome que la splendeur du firmament étonne, j'ai vu comme par derrière le Tout-Puissant qui passait. Le christianisme ne mérite pas ces critiques acerbes et le passé répond pour lui. (*Applaudissements.*)

L'article 17 stipule les règles à suivre pour fonder une association. Il suffira de réunir sept personnes ayant une vague religiosité, baptisées sans doute, pour qu'elles forment un groupe cultuel. Ainsi sept individus pourvus d'un prêtre indigne, — et s'il s'en trouvera, vous pouvez en être sûrs, — pourront venir dire : nous sommes catholiques, et aussitôt on se fera un devoir de leur accorder une part de ces biens que des croyants auront amassés. Ils pourront venir dans une église parodier les cérémonies du culte et polluer l'autel. Si l'on m'objecte que je pousse les choses au noir et que j'exagère, voici un passage du bulletin officiel des libres-penseurs de France qui répondra pour moi :

« Supposons qu'un village — le fait semble devoir se présenter dans certaines communes, — nous a dit Monsieur Aulard, — soit divisé en deux fractions ayant pour chefs le curé et le vicaire ; le premier a l'appui de deux ou trois hobereaux ; le second, par ses allures démocratiques ou démagogiques, a gagné la confiance de la grande majorité des fidèles. Le tribunal entre ces deux hommes jugerait probablement, étant donnée la hiérarchie catholique, que l'association fondée par le curé peut seule prétendre succéder à la fabrique. Le Conseil d'État au contraire, dans mon système, dira : la société du vicaire est la plus importante par le nombre des fidèles et elle a des besoins plus grands en raison de leur pauvreté ; donc je lui attribue la totalité ou une forte part des biens de la fabrique dissoute. »

Qu'est-ce donc que tout cela signifie, Mesdames et Messieurs, si ce n'est l'idée très arrêtée de tuer l'idée religieuse, soit par le ridicule, soit par le scandale? Il serait évidemment de mauvais ton à notre époque d'allumer des bûchers et d'ouvrir des prisons, et puis cela pourrait ne pas aller tout seul. Mais des moyens détournés, le respect du nombre, quand le nombre aura le bon goût d'applaudir les pontifes antireligieux, voilà du vrai libéralisme ou je ne m'y connais pas. On ne peut pas nous supprimer, on essaiera de nous déshonorer, et pour cela on compte sur notre indifférence, sur notre lâcheté, pourrais-je dire. On trouvera des prêtres indignes; on s'en flatte, et pour mieux consolider l'édifice religieux on avoue, sans détour, que l'on est tout disposé à en confier la garde à ceux qui seront le plus décidés à le démolir; on n'est pas plus honnête.

Cette idée géniale de faire décider par un tribunal des questions de dogme, ne suffit pas à nos modernes rénovateurs, le tribunal pourrait se laisser circonvenir; il faut une assemblée que le gouvernement tienne de plus près. Laissez-moi vous dire, du fond de mon cœur, que républicain il me paraît étrange que de soi-disant républicains osent parler des tribunaux d'exception pour juger des cas de conscience, ils devraient se souvenir et ayant souffert, s'épargner des palinodies au moins regrettables. Comment? vous jugerez ma foi, de quel droit je vous prie, où sont vos pouvoirs? et quelle est ma garantie?

Ce projet est monstrueux, tant il contient de germes de discorde, de division, tant il peut causer d'irréparables malheurs. Il est entendu, malgré tout ce que l'on peut dire, que l'idée religieuse empêche le cerveau de se développer; bien que cette affirmation me paraisse étrange à moi médecin, quand elle se produit dans la ville qui a le très grand honneur d'abriter le tombeau de Pasteur, mais je me demande si l'anti-religion ne conduit à de plus terribles effets, je me demande si à force de vouloir détruire une idée qui fut et qui est féconde, on n'affiche pas trop ouvertement la stérilité de conceptions égoïstes dont l'intérêt est la base et l'orgueil le sommet. (*Applaudissements.*)

Ce n'est pas d'aujourd'hui que la lutte est ouverte, et le combat n'est pas près de finir. Au XVIIIe siècle l'idée religieuse semble vaincue; le haut clergé sceptique, la société dissolue, le désir de vivre et surtout de jouir, faisaient repousser la foi évangélique comme une gêne sinon comme un remords inavoué. Puis la tourmente implacable et peut-être vengeresse, la société sombre, le monde moral profondément secoué abandonnent le scepticisme élégant et cherchent une nouvelle formule qui leur permette de conserver un idéal qui sans trop peser sur la vie de tous les jours puisse établir des relations faciles avec la divinité et tenir le peuple, sans forcer les intelligences de mener trop durement les corps et alors naît la constitution civile du clergé, puis une jeune fille personnifie la Raison, tout semble fini pour l'idée évangélique. Louis XIV a entamé la lutte, la Révolution la continue et la complète, au jour de la Terreur. Voici cependant que ceux qui n'ont pas eu les privilèges de l'ancien régime, voici que des prêtres dont la vie fut toujours dure, se lèvent et apôtres nouveaux vont au peuple chrétien et le rassemblent, Ils prêcheront dans les granges, et diront la messe sur l'auge de pierre qui a servi au repas des bœufs, ils baptiseront dans l'ombre et enterreront dans la nuit, prêts à mourir pour leur Maître, sans se soucier des prévaricateurs, et alors, alors le peuple se souviendra de ses ancêtres et de l'appui utile que lui a fourni l'idée religieuse dans les traverses de la vie; l'atavisme chrétien deviendra le guide qui le ramènera vers la vérité; il redemandera ses églises et ses prêtres, ses cérémonies de jadis et ses tombes bénies. (*Applaudissements*).

De telle sorte que lorsque l'on affirme que le premier Bonaparte, lorsqu'il signa le Concordat, fit un acte politique, on peut aussi sûrement dire qu'il exauça un vœu national. Une citation vous fera mieux comprendre la vérité de ce que j'avance :

« Ne vous étonnez pas de l'intérêt singulier qu'attachent aux idées religieuses tous ces hommes habitués à s'en nourrir. Ce sont elles qui leur assurent des jouissances indépendantes du pouvoir des hommes et des coups du sort; ce sont elles qui tempèrent à leurs yeux cette inégalité des conditions nécessaires à l'existence des sociétés humaines. Leur besoin est senti surtout par les peuples en révolution, alors il faut aux malheureux l'espérance, elles font luire les rayons dans l'asile de la douleur, elles éclairent la nuit même du tombeau; elles ouvrent devant l'homme mortel et fini d'immenses et magnifiques perspectives. Législateurs, que sont vos autres bienfaits auprès de ce grand bien? Vous plaignez l'indigent, les religions le consolent; vous réclamez ses droits, elles assurent ses jouissances. Ah! nous avons parlé souvent de notre amour pour le peuple, de notre respect pour ses volontés; si ce langage ne fut pas vain dans nos bouches, respectons avant tout des institutions si chères à la multitude. De quel nom que notre haute philosophie se plaise à les désigner, quelles que soient les jouissances les plus exquises auxquelles nous pensons qu'elle nous admet, c'est là que le peuple a arrêté ses volontés; c'est là qu'il a fixé ses affections; il nous suffit, et tous nos systèmes doivent s'abaisser devant sa volonté souveraine.

Mais en accomplissant le vœu de l'humanité vous suivrez encore le conseil d'une profonde politique; en contentant le peuple vous affermissez toutes les lois. Oui, législateurs, il est utile, il est précieux pour vous que les religions existent, qu'elles exercent en liberté leur puissante influence, elles seules parlent efficacement de la morale au peuple; elles ouvrent son cœur aux douces affections; elles lui impriment le sentiment de l'ordre, elles préparent votre ouvrage, elles l'achèveraient presque sans vous-mêmes. Ah! depuis de longues années nous avons créé des milliers de lois, nous avons réformé tous les codes et jamais plus de crimes ne ravagèrent ce bel empire. Pourquoi? c'est qu'on a fait disparaître du cœur des Français cette grande loi qui y avait été gravée par la nature, qui seule enseignait le juste et l'injuste, qui seule donnait la sanction à toutes les autres. Faites-la revivre cette loi puissante, donnez à tous les cultes la faculté de la recréer dans tous les cœurs; nous n'aurons plus besoin de tout cet appareil d'ordonnances et de peines; le législateur aura peu de choses à faire, parce que les hommes seront bons. Les lois ne sont que le supplément de la moralité des peuples. »

Ceci est écrit dans le rapport de Camille Jordan sur la Police des Cultes déposée sur le bureau de l'Assemblée des Cinq-Cents, le 29 Prairial An V, et dont on ordonna l'impression dans la même séance; voilà bien la preuve que la tourmente n'avait pas déraciné l'idée chrétienne et que toujours vivace elle s'imposait au respect des législateurs et avait le cœur de la nation.

Napoléon Ier fit le Concordat; il fixa par un contrat synallagmatique les conditions de vie des deux pouvoirs temporel et spirituel. Il le fit et fit bien; c'est le sort de l'humanité de mettre un peu du sien dans tout ce qu'elle entreprend et il n'est pas d'idéal si haut placé qui devant s'objectiver par les mains des hommes ne se déforme et ne porte la trace et de nos faiblesses et de nos passions. Pour avoir une paix durable il fallait fixer à chacun des limites ; ce fut l'œuvre du Concordat. Par lui la France eut 100 ans de paix religieuse, pas sans à-coups dira-t-on, c'est possible, mais quelle est donc l'œuvre humaine qui n'a ses imperfections et dont la réalisation ne soulève aucune difficulté ? Et c'est cela qu'on nous propose de supprimer, c'est cela qu'on veut faire disparaître, dans quel but et pour quel dessein plus haut ? Pour faire l'unité morale de la nation ? Le projet est au moins bizarre pour ne rien dire de plus. Vouloir détruire une doctrine que l'on trouve trop absolue pour la remplacer par une autre qui se propose de courber toutes les intelligences sous un même niveau, je n'en vois pas l'avantage, et du reste est-ce possible ? Quoi ? Nous penserions tous de même, mais c'est la proclamation de la possibilité du miracle sur des lèvres où je ne m'attendais pas à la trouver ; c'est un ancien qui a dit : *Tot capita tot sensus.* — Ce que nous avons un peu librement traduit en français, autant de têtes autant de bonnets, et je suis de cet avis. Savez-vous où se fait, où s'est faite l'unité morale de la nation, c'est à Reisehoffen, c'est à Loigny, c'est à Patay, dans le passé ; ce sera sur le champ de bataille où se joueront les destinées de la France dans l'avenir ; le jour où tous les Français, quels qu'ils soient, d'où qu'ils viennent, feront le sacrifice de leur vie pour défendre la terre sacrée où dorment les aïeux et tomberont la main dans la main en embrassant le drapeau. La voilà l'unité morale à laquelle personne n'a le droit de se soustraire et au surplus à laquelle personne ne songe à se dérober. (*Applaudissements.*)

Mesdames, Messieurs, j'ai terminé ce trop long entretien. Je vous ai dit les périls de la résolution qu'on veut nous faire prendre, je dois vous exposer le motif qui fera que je ne la voterai pas. La seule garantie du suffrage universel réside dans le respect que doit avoir l'élu du mandat qui lui est confié. Or, je n'ai reçu ni sollicité le mandat de voter la séparation des Églises et de l'État, je n'ai donc pas le droit d'engager mes électeurs dans une aventure qui m'apparaît pleine de dangers et sans aucun profit pour mon pays. (*Applaudissements répétés.*)

Discours de M. ALPY

Conseiller municipal de Paris

MESDAMES,
MESSIEURS,

Un grand évêque, qui a laissé le souvenir d'un vaillant défenseur des libertés religieuses et qui a mérité un jour l'insigne honneur d'être condamné par les sectaires du Gouvernement pour leur avoir dit de trop dures vérités, Monseigneur Gouthesoulard, archevêque d'Aix, a dit, en 1884, un mot qu'il convient de rappeler, car il est plus vrai aujourd'hui que jamais : « La France n'est pas en République, elle est en franc-maçonnerie. » (*Applaudissements.*)

Lorsque, il y a plus de vingt ans, Monseigneur Gouthesoulard, avec une perspicacité remarquable, a prononcé ce mot profond, beaucoup d'esprits superficiels ne l'ont pas compris, parce qu'ils ne voyaient pas encore ce que l'avenir est venu, hélas! nous dévoiler. Les événements, en effet, se sont chargés de démontrer la justesse de cette parole et personne actuellement ne saurait la contester.

Toutes les lois antireligieuses qui se sont succédé dans cette période et qu'on vous rappelait tout à l'heure : celle du 29 décembre 1880, sur le droit d'accroissement imposé aux congrégations religieuses ; celle du 28 mars 1882, sur l'enseignement laïque et obligatoire; celle du 15 novembre 1887, sur les enterrements civils; celle du 27 mars 1893, sur la comptabilité des Fabriques; celle du 1er juillet 1901, contre les congrégations; celle du 7 juillet 1904, proscrivant l'Enseignement congréganiste; enfin, celle du 30 décembre 1904, dépouillant les Fabriques du monopole des pompes funèbres..., — j'en passe, et des pires! — toutes ces lois ont eu manifestement pour but d'atteindre l'Église catholique dans ses forces vives, dans ses ressources matérielles comme dans son action morale, et font partie d'un plan concerté depuis longtemps par les francs-maçons. Cela est aujourd'hui démontré et il est notoire pour tous que toutes ces lois avant d'être votées par le Parlement ont été élaborées, jusque dans leurs plus minutieux détails, au sein des Loges maçonniques. (*Applaudissements.*)

Ces projets arrivent tout préparés devant la Chambre et le Sénat, où ils trouvent une majorité franc-maçonne, de telle sorte qu'il est vrai de dire que nos Chambres ne sont, depuis 25 ans, que les Assemblées d'enregistrement des édits maçonniques.

C'est là, Messieurs, une vérité que personne au courant de la politique contemporaine ne peut nier; et il suffit de voir le lien qui réunit toutes ces lois entre elles pour comprendre le plan poursuivi. J'ajoute qu'il en est de même, d'ailleurs, de l'Assemblée municipale parisienne où j'ai l'honneur, — et à un certain point de vue le malheur, — de siéger depuis 15 ans. Le Conseil municipal de Paris est, en effet, — mon excellent ami et ancien collègue, M. Lerolle ne me contredira pas, — une véritable succursale de la franc-maçonnerie.

Nous avons connu un temps où le Grand Pontife de la Maçonnerie, Lucipia, tristement célèbre par sa participation au massacre des Dominicains d'Arcueil, était en même temps Président du Conseil Municipal et Président du Suprême Conseil de la Franc-Maçonnerie et profitait de cette double qualité pour établir entre les deux Assemblées un lien étroit de solidarité pour le mal. (*Applaudissements.*)

Si l'on voulait contester ce que j'affirme, j'invoquerais les déclarations mêmes du Grand-Maître actuel de la Franc-Maçonnerie, M. Lafferre, — votre collègue, dont je ne vous félicite pas, mon cher Président, — M. Lafferre, successeur de Lucipia a prononcé, au Convent de 1903, une parole qui, dans la bouche de ce franc-maçon, est une sorte d'aveu. Nous la connaissons grâce aux recherches de notre ancien collègue et ami M. Prache, le vaillant député de la circonscription voisine, mais elle n'était pas destinée à être publiée parmi les profanes.

Entre Frères, ils laissent échapper des mots quelquefois compromettants pour eux. C'est ainsi qu'au Convent dont je viens de parler, le Frère Lafferre, enivré par les triomphes obtenus récemment par son parti, et perdant sa prudence habituelle, s'est écrit : « La République est la Maçonnerie à découvert, comme la Maçonnerie est la République à couvert. »

Vous étonnerez-vous, Messieurs, après cette déclaration, de voir la Maçonnerie préparer les projets de loi soumis au Parlement ? Le projet actuel sur la Séparation des Eglises et de l'Etat est un projet maçonnique au premier chef ; c'est le couronnement de la campagne entreprise depuis 25 ans contre le cléricalisme qui, suivant le mot abominable de Gambetta, a été considéré comme l'ennemi de la République. Le cléricalisme, bien entendu, dans leur pensée, c'est le catholicisme. Depuis ce moment, la campagne a été savamment menée, et elle aboutit aujourd'hui à ce projet sur la Séparation.

C'est une œuvre maçonnique, c'est-à-dire conçue avec une habileté raffinée dans le but de déchristianiser la France et de détruire l'Eglise, si cela est possible. Le projet de loi est signé par un ministre franc-maçon, présenté par un Cabinet qui compte une majorité de membres francs-maçons, soumis à une commission où les francs-maçons sont en nombre appréciable, et présenté à l'approbation d'une Chambre en majorité franc-maçonne.

Il porte les marques de fabrique de la Maçonnerie : la haine, l'audace et la fourberie. Toutes ses dispositions convergent vers le même but, qui est d'entraver, de persécuter, de détruire toute idée religieuse.

Le Rapporteur, M. Briand, a osé dire dans son rapport que le projet tendait à une séparation loyale et sincère et qu'il n'avait pas d'autre but que d'assurer la pacification des esprits, en établissant une situation acceptable entre les adeptes des différentes croyances philosophiques ou religieuses ! Je ne saurais répéter avec trop d'insistance, Messieurs, qu'une telle affirmation est absolument fausse. M. Briand ajoute qu'il n'a aucune haine pour la religion et qu'il a voulu assurer son indépendance. Or, s'il avait eu le désir sincère d'arriver à une réglementation assurant la liberté religieuse, s'il avait prétendu faire, suivant une formule connue : « l'Eglise libre dans l'Etat libre » ; s'il n'avait pas voulu atteindre la foi religieuse et l'Eglise catholique, il aurait dû prendre une première précaution. Puisqu'il s'agissait de détruire un contrat passé entre deux parties : le Pape et le gouvernement français, il fallait, tout d'abord, négocier, faire des tentatives de conciliation avec l'autre partie contractante. J'entends bien répéter tous le jours, contre toute vérité, par les amis du bloc républicain, que le Vatican est responsable de la rupture diplomatique survenue l'an dernier : on accumule à cet égard les calomnies et les mensonges les plus audacieux, mais il n'en est pas moins certain, au contraire, que le Pape a tout fait pour conjurer les événements.

On pouvait, tout au moins, provoquer la réunion de différents personnages éminents en une commission et leur demander comment la Séparation pouvait se faire et si elle était possible. Je ne suis pas de ceux qui la croient désirable ; cependant, beaucoup de catholiques profondément attachés à la Papauté étaient d'avis qu'à voir la manière dont le Concordat était appliqué par le Gouvernement, l'on pouvait préférer la Séparation. Quoi qu'il en soit, il est certain qu'une Séparation acceptable est possible ; pourvu qu'elle n'atteigne pas l'Église dans sa constitution essentielle et lui laisse sincèrement et loyalement son entière liberté d'action dans le domaine spirituel, qui lui appartient, en lui assurant d'ailleurs l'indépendance temporelle.

La première condition à remplir serait de payer la dette de l'État envers le clergé catholique et, pour cela, de convertir en rentes les traitements ecclésiastiques. Remarquez, en effet, que ce traitement n'est pas un salaire ; c'est une indemnité, une réparation, une compensation reconnue au Pape, en échange de l'abandon de ses droits sur les biens ecclésiastiques, ainsi que je le démontrerai tout à l'heure, textes en main.

Il faudrait ensuite accorder la personnalité civile au diocèse constitué sous l'autorité de l'Evêque reconnu par le Pape ; ce qui impliquerait pour lui la faculté d'acquérir à titre gratuit ou onéreux des biens, tout au moins mobiliers ; (car il y aurait lieu peut être, dans un intérêt économique, d'apporter certaines restrictions au droit de posséder). L'administration de ces biens pourrait être confiée à des conseils de laïques, constituant ce qu'on pourrait appeler des Fabriques diocésaines.

Ainsi conçu, un projet de séparation aurait été acceptable ; pourvu qu'il eût été établi dans une pensée loyale et sincère et, bien entendu, que le Pape eût consenti à le substituer au Concordat actuellement en vigueur ; car il est le Chef de l'Eglise et partie essentielle au contrat.

On ne l'a pas fait; et cela, parce qu'on ne voulait pas sincèrement obtenir des résultats acceptables pour les catholiques. L'on a bien voulu séparer l'Etat de l'Église; mais on s'est bien gardé de libérer l'Eglise de l'Etat.

Le caractère dominant du projet, c'est qu'il viole tout à la fois la justice dont les principes cependant s'imposent à tous, et la liberté de conscience que les hommes du jour devraient bien respecter, puisqu'elle est inscrite dans leur constitution même et dans leur déclaration des Droits de l'Homme.

Il constitue une spoliation et, dans l'avenir, il causera une oppression intolérable des consciences.

La spoliation résulte manifestement de la suppression pure et simple du budget des cultes, que la loi se permet de prononcer de sa seule autorité. Mon Dieu, c'est bien simple! Lorsqu'on a une dette à payer et que l'on n'est pas un débiteur consciencieux, on déclare dénoncer le contrat d'obligation et ne plus reconnaître sa dette! C'est très simple, en effet, mais c'est surtout extrêmement malhonnête; c'est un véritable vol, une usurpation injustifiable; et, cependant, c'est ce que l'on prétend faire en supprimant d'un trait de plume le budget des Cultes, ainsi que le fait le projet de loi.

Qu'est-ce, en effet, que ce budget des cultes? Ce n'est pas un salaire fixé arbitrairement; ce n'est pas non plus le paiement de certains services rendus, le traitement de fonctionnaires consacrant leur temps à l'Etat. C'est bien là, il est vrai, ce que racontent, tous les jours, les journaux du bloc et les journaux maçonniques; mais ils ignorent l'histoire de la Révolution, ou plutôt il font semblant de l'ignorer. Le budget des Cultes, au contraire, est une réparation, une compensation stipulée, d'un commun accord, lors de la conclusion du Concordat, entre le Gouvernement Français représenté par Bonaparte et l'autorité ecclésiastique représentée par le Pape Pie VII. Ce budget est destiné à compenser les revenus des biens ecclésiastiques antérieurement confisqués par la Révolution.

On vous a parlé, tout à l'heure, du décret du 4 novembre 1789, par lequel l'Assemblée Constituante a mis à la disposition de la Nation les biens du clergé de France. Voici les termes mêmes de ce décret, qui sont intéressants à connaître: « L'Assemblée Na-

« tionale décrète que tous les biens ecclésiastiques sont à la « disposition de la Nation, à la charge de pourvoir d'une ma-« nière convenable aux frais du culte, à l'entretien de ses mi-« nistres et au soulagement des pauvres... »

La lecture de ce décret suggère deux réflexions: d'abord, l'Assemblée Nationale, en s'emparant des biens du clergé, reconnaissait elle-même qu'elle devait prendre à sa charge les frais du culte et l'entretien de ses ministres ; c'est là un premier point, qui justifie pleinement notre thèse ; mais ce n'est pas tout : elle ajoute « le soulagement des pauvres », ce qui prouve que les biens de l'Eglise étaient aussi et surtout employés à ce troisième objet d'intérêt public et social, aux œuvres de charité, à l'assistance des malheureux. C'est la réfutation péremptoire, — en passant, — de cette odieuse calomnie si répandue par les adversaires de l'Eglise, et consistant à prétendre que les grandes richesses accumulées par les siècles entre les mains du clergé étaient uniquement employées par lui à satisfaire des fantaisies ou des besoins personnels. La vérité est que ces biens étaient, pour la plus grande partie, dépensés en bonnes œuvres, dans un temps où l'Assistance publique, telle qu'elle est aujourd'hui constituée, n'existait pas.

La valeur totale de ces biens était considérable : d'après le rapport de M. Briand, Treilhard les évaluait à quatre milliards en capital, donnant un revenu de 80 à 100 millions environ, ce qui équivaudrait aujourd'hui à un chiffre de plus du double. Or, le total du budget des cultes ne dépassant pas 40 millions, on voit combien il est inférieur au revenu réel des biens confisqués et combien la dette contractée de ce chef par l'Etat est sacrée.

Vous savez, en effet, Messieurs que ces biens, qui avaient tout d'abord été mis à la disposition de la Nation, uniquement dans le but de servir de gage hypothécaire aux Assignats émis par l'Etat — ainsi que l'a très bien démontré, dans une brochure récente, mon érudit confrère et ami M. Fernand Nicolay, — furent vendus, en 1793, comme biens nationaux.

Lorsque le Concordat fut élaboré, en 1801, il est évident que le premier droit du Pape eût été de réclamer contre cet abus de pouvoir et d'exiger la restitution en nature des biens de l'Eglise ; d'où la nécessité de remettre en question les droits des acquéreurs de ces biens.

Le Premier Consul, qui ne pouvait se résoudre à cette extrémité, proposa alors au Saint Père une transaction, que Pie VII accepta avec une bienveillance et une générosité incontestables. C'est dans ces conditions que fut signée la convention du 26 Messidor an IX, autrement dit le Concordat de 1801, qu'il s'agit aujourd'hui de détruire et de remplacer par le régime arbitraire et spoliateur du projet de loi.

Ce traité contient certains articles que je dois vous faire connaître textuellement, car ils jettent sur la question une lumière réellement éclatante.

Après les avoir lus, il est impossible d'admettre, de bonne foi, l'étrange théorie qui reconnait au gouvernement le droit de supprimer par un simple acte de sa volonté le budget des cultes.

On peut égarer l'opinion publique par des mensonges et des inventions, qui ont pris naissance dans les loges maçonniques et ont été ensuite répandus par les journaux à leur solde; mais les textes sont là pour rétablir la vérité : Ecoutez et jugez !

Article 13. — « Sa Sainteté, pour le bien de la paix et le rétablissement de la Religion Catholique, déclare que ni elle, ni « ses successeurs ne troubleront, en aucune manière, les acquéreurs des biens ecclésiastiques aliénés et qu'en conséquence, la « propriété de ces mêmes biens, les droits et revenus y attachés « demeureront incommutables entre leurs mains et celles de leurs « ayants-cause. »

En revanche, le Gouvernement français prenait l'engagement formulé dans l'article suivant :

Article 14. — « Le Gouvernement assurera un traitement convenable aux évêques et aux curés, dont les diocèses et les « paroisses sont compris dans les circonscriptions nouvelles. »

Ainsi, en même temps que l'on obtenait du Pape la renonciation de l'Église aux biens ecclésiastiques, on promettait au clergé de lui servir, sur le revenu de ces biens, une somme — fort minime d'ailleurs — dont il voulait bien se contenter, dans l'intérêt de la paix et de la Religion.

N'ai-je pas raison de dire après cela, que parler aujourd'hui de supprimer ce budget des Cultes, c'est vouloir commettre une véritable spoliation, c'est ne pas faire honneur à ses engagements.

Nous sommes liés par un contrat synallagmatique qui ne peut être rompu qu'après entente préalable entre le Gouvernement et la Papauté, par un règlement nouveau à déterminer d'accord.

Je vous disais également que le projet actuellement en discussion prépare une oppression habilement calculée des consciences, qui rend ce projet, non seulement inacceptable, mais véritablement odieux.

Le Concordat avait restitué aux évêques les églises métropolitaines et les autres bâtiments non aliénés. Or, l'on veut aujourd'hui reprendre ces églises. L'État veut se les approprier, non seulement pour profiter de la valeur matérielle qu'elles peuvent représenter, mais aussi pour tendre des pièges à l'Église. Il concèderait à qui il voudrait les édifices et en profiterait pour diviser à son gré, les communautés religieuses et s'efforcer de détruire la foi catholique.

Quelle est, en effet, l'économie du projet? L'Etat commence par s'attribuer la propriété des édifices ; puis il annonce l'intention de les louer aux associations cultuelles. C'est déjà une opération peu scrupuleuse en elle-même; mais ce n'est pas tout : l'Etat déclare, en effet, qu'il ne les louera qu'à court terme, afin d'éviter la constitution d'associations puissantes, ayant une vie propre quelque peu prolongée, et de conserver le moyen de les supprimer quand il lui plaira, en leur retirant la concession des lieux du culte, pour les donner à d'autres.

Il est déjà bien pénible pour nous, catholiques, de voir nos églises louées pour 5 ou 10 ans; mais, ce qui est plus intolérable encore c'est que l'Etat se réserve le droit de les louer à d'autres qu'aux catholiques ou, parmi les catholiques, à ceux qui lui conviendront. M. Deche vous faisait remarquer, tout à l'heure, que les tribunaux civils décideront quels sont les catholiques en possession de la vérité. Quelle dérision ! Il vous rappelait aussi qu'il suffirait de 7 personnes pour constituer une association cultuelle. Il ne sera certainement pas difficile d'affubler du titre de catholiques 7 individus quelconques, apaches de gouvernement ou agents de la basse police, qui demanderont par exemple la location de Notre-Dame. Ces pseudo-catholiques pourront alors légalement être décrétés, par les tribunaux civils, de beaucoup préférables à l'Archevêque de Paris, entouré de son clergé et appuyé par tous les fidèles du diocèse!

Voilà l'oppression qu'il nous faut dénoncer avec la plus grande indignation. Un pareil projet, Messieurs, n'a pas d'autre but que d'étouffer toutes les manifestations religieuses; et tous ceux qui ont fait des recherches pour dévoiler la maçonnerie, (sachant bien qu'en la dévoilant on la détruit.) en sont arrivés à cette conclusion que tel est bien le but que cette secte malfaisante a voulu atteindre par cet abominable projet de loi.

J'ai trouvé dans un livre excellent, dont je vous recommande la lecture, — « le Plan maçonnique » par Le François, — un mot absolument significatif qui donne la clef des événements actuels et qui a été prononcé, dès 1883, par un homme dont l'autorité n'est pas contestable en la matière, un de ces Maçons fameux, dans le sens que les Romains donnaient au mot *famosus*, le docteur Blatin, ancien député, ancien Président du Suprême-Conseil. Au convent de 1883, le docteur Blatin terminait ainsi son discours de clôture : « Dans ces édifices élevés de toutes parts, depuis des « siècles, aux superstitions religieuses et aux suprématies sacer- « dotales, nous serons peut-être appelés, à notre tour, à prêcher « nos doctrines; et, au lieu des psalmodies cléricales qui y réson- « nent encore, ce seront les maillets, les batteries et les acclama- « tions de notre Ordre qui en feront retentir les larges voûtes « et les vastes piliers. »

Voilà, Mesdames et Messieurs, quelle était la conception satanique du docteur Blatin en 1883; voilà le rêve qu'il ne craignait pas d'indiquer comme réalisable un jour. Eh bien! ce jour semble prochain à la franc-maçonnerie; l'heure annoncée sonnera, si le projet est voté par les Chambres. Mais j'espère bien qu'il ne le sera pas. Je n'ai pas une grande confiance en la majorité actuelle; je suis de ceux qui, depuis fort longtemps, sont dans un état de méfiance, d'hostilité déclarée, irréductible envers la majorité; j'en ai trop vu, depuis 20 ans, pour me faire beaucoup d'illusions. Toutefois, il existe heureusement dans le sein du Parlement des catholiques fidèles et d'éloquents représentants, qui feront ressortir ce qu'il y a de révoltant dans ce projet, au point de vue de la loyauté et pour la liberté des consciences, et peut-être obtiendront-ils gain de cause sur quelques points importants, atténuant le mal, sans le faire complètement disparaître.

Et maintenant, demandons-nous, en présence des événements actuels, quel est le devoir des catholiques.

Avant le vote, ils doivent employer tous les moyens en leur pouvoir pour l'empêcher, s'il est possible, d'être voté. Ils doivent protester de toute leur énergie contre le projet de la séparation. Que faire pour protester ? Multiplier des réunions comme celle-ci d'abord, d'où l'on sort plus convaincu que jamais de la nécessité de l'action. En outre, signer les pétitions et les faire signer autour de soi ; faire agir toute personne qui a quelque influence sur le député de sa circonscription ; lui écrire, s'il le faut, directement ou indirectement, pour obtenir qu'il s'engage à voter contre le projet. Qui sait ? Quelques-uns auront peut-être des remords ; et des amendements pourront améliorer la situation, donner à la question une orientation nouvelle, ajourner sa solution jusqu'à la consultation du pays, qui se prononcera contre une telle tyrannie, lorsqu'il sera éclairé, j'en ai la conviction.

Ne perdons pas courage, tous les efforts sont utiles, qu'ils soient individuels ou collectifs. Agissez, si cela vous est possible, auprès du Comité qui a fait nommer votre député. Bref, ne négligez aucun moyen d'action, pour prévenir le grand mal dont nous sommes menacés par les sectaires.

Et, si ce mal ne peut être évité, si, malgré nos protestations et nos efforts, la séparation est décidée ; oh ! alors, Messieurs, je vous en conjure, prenez la résolution de lutter sans trêve ni merci, par tous les moyens possibles, par les moyens légaux, d'abord... et même par les autres, s'il le faut. (*Applaudissements prolongés.*) Un pareil attentat à la liberté de conscience ne peut s'effectuer sans soulever une résistance invincible dans ce pays et nous lutterons tous, jusqu'au bout, pour la défense de notre foi ! (*Applaudissements.*)

Oui, Messieurs, croyez bien que si la lutte est ainsi entreprise, si elle est soutenue sans trêve ni merci, comme je vous le disais, la persécution ne durera pas longtemps. Montalembert a dit ce mot profondément vrai et juste : « La lutte contre l'Eglise n'a jamais porté bonheur à personne, depuis que l'histoire existe. » Rappelons-nous cette pensée consolante et ayons confiance dans l'avenir prochain !

Les francs-maçons ont entrepris la destruction de l'Eglise catholique avec cette ténacité et cette habileté que je vous ai révélées. Ils s'enorgueillissent aujourd'hui des premiers résultats qu'ils ont obtenus, grâce à notre inertie ; mais leur règne n'est pas éternel. Déjà, il touche à sa fin ; bien des symptômes permettent de l'espérer. Si le projet sur la séparation est voté, j'en suis bien convaincu, ce sera leur dernière victoire. Lorsque la persécution arrive à ce degré, c'est la veille du triomphe. Elle a toujours eu pour effet de raviver la foi des croyants ; elle rétablira l'union entre les catholiques, on pourrait même dire malheureusement qu'elle créera cette union ; car jusqu'à présent, leur attitude n'a pas été celle que l'on était en droit d'espérer, en présence des premiers attentats dont ils ont déjà été victimes.

La persécution, cette fois encore, produira ses effets habituels ; elle ranimera les courages et réveillera ceux qui ont peut-être été un peu endormis ; elle unira, d'autre part, aux catholiques tous ces bons esprits, libéraux sincères, hommes de bonne foi, philosophes qui n'ont pas eu le bonheur d'avoir la foi catholique, mais qui n'admettent pas les persécutions et les tyrannies des sectaires. Il se produira alors un grand réveil d'opinion, qui balaiera les francs-maçons et les jacobins aujourd'hui triomphants ; et nous verrons enfin refleurir parmi nous, plus belles et plus vivaces que jamais, nos grandes traditions religieuses, pour la gloire immortelle de l'Église et le relèvement moral de la France. (*Applaudissements prolongés.*)

Discours de M. TAUDIÈRE.

De tout cœur, Mesdames et Messieurs, vous vous êtes associés par vos applaudissements aux sentiments de profonde tristesse et de protestation indignée qu'ont exprimés les précédents orateurs à l'égard du projet de loi en discussion sur la séparation de l'Église et de l'État.

Le terrain religieux, vous a dit l'honorable M. Dèche en se déclarant républicain, est un terrain qui appartient à tous et que nul parti n'a le droit de réclamer. Nous sommes absolument de cet avis et nous honorons en lui l'homme qui se déclare respectueux de la religion, respectueux de toutes les libertés, même chez les autres. Mais il me permettra, comme royaliste, de lui demander si ce n'est pas précisément à cause de ces sentiments eux-mêmes, à cause de son respect pour les libertés et les idées religieuses, que M. Dèche est rejeté de la majorité et refoulé dans l'opposition, avec nous, quoi qu'il fasse, comme s'il appartenait aux anciens partis.

Il me sera également permis de dire ici, après les orateurs que vous venez d'entendre, que République et franc-maçonnerie sont termes tendant de plus en plus à s'équivaloir, et aussi que le projet actuel sur la séparation de l'Eglise et de l'Etat n'est pas un fruit empoisonné de l'heure présente, qu'il a une longue genèse derrière lui et qu'il faut en trouver l'origine première dans cette lutte entreprise par la Révolution contre l'Eglise, lutte tantôt sournoise, tantôt ouverte, mais qui dure toujours et dont le projet actuel est le dernier terme.

Deux traditions ont fait la France : la tradition catholique et la tradition royaliste. Pendant de longs siècles, ces traditions ont vécu côte à côte, merveilleusement alliées, se complétant l'une et l'autre, et, obtenant les meilleurs résultats, malgré des abus inhérents aux choses humaines, malgré des difficultés très réelles mais toujours promptement solutionnées par les deux pouvoirs, parce qu'ils cherchaient d'un commun accord l'intérêt de tous, l'intérêt de la France. Grâce à cette union étroite et séculaire, notre pays, jusqu'en 1789, au milieu même des plus grands revers, était resté à l'étranger respecté et puissant; la France était, à l'intérieur, fière, une et heureuse. (*Applaudissements.*)

La Révolution a voulu refaire la nation de toutes pièces, sur de nouvelles bases. Elle s'est attaquée à ces deux colonnes qui soutenaient l'ancienne société française : la colonne religieuse et la colonne royaliste. Elle les a secouées, et son succès n'a été que trop grand; nous en voyons les tristes résultats. Les hommes d'aujourd'hui ne font que suivre la tradition des grands ancêtres de 1793 : ceux-ci ont guillotiné le roi et voulu supprimer la religion, ils ont noyé, massacré, déporté les prêtres ; ceux d'aujourd'hui ont exilé les princes, maintenant, ils veulent porter leurs mains plus haut, ils veulent exiler Dieu.

On vient de vous montrer les étapes qui, depuis 1880 surtout, ont marqué une progression constante dans la lutte contre l'Eglise. Nos gouvernants ont chassé les religieux et les religieuses. Puis Dieu l'a été lui-même de l'école, du prétoire, de l'hôpital. Il reste un lieu d'où il n'est pas chassé, mais cela va être fait..... c'est l'Eglise.

Les catholiques semblent suffisamment abattus, le terrain bien préparé : l'on peut agir sans crainte, « en toute sérénité », ce sont les expressions même de M. Briand dans son rapport. Le moment est venu de porter à l'Eglise ce que l'on croit devoir être le dernier coup. Aujourd'hui va disparaître la dernière tradition de la France : la tradition religieuse. Je crois, Mesdames et Messieurs, vous avoir ainsi montré la genèse du projet actuel qui est l'image la plus complète, l'expression dernière du régime républicain et maçonnique sous lequel nous vivons, comme aussi, malgré toutes les vilenies déjà accumulées, il en sera la suprême honte. (*Applaudissements.*)

Ce projet, c'est la consécration légale du vol et de la tyrannie. — On nous vole le traitement des prêtres auxquels, avec commisération et dédain, on abandonne une allocation, une pension de demi-solde, pension dérisoire d'ailleurs et bien précaire. L'histoire de la Révolution et l'exemple plus récent des lois relatives aux Congrégations nous montrent que de telles pensions ne sont jamais payées ni très vite ni très longtemps. La Banqueroute est complète : on n'autorise même pas les conseils locaux à venir, au lieu et place de l'Etat, faire honneur à la signature donnée naguère par la France; il leur est interdit de voter désormais aucune subvention pour le culte. — On nous vole nos églises. Dans nos cathédrales magnifiques comme dans les plus pauvres églises, dans ces temples construits et ornés par la piété généreuse de nos ancêtres, témoignages éclatants de cette foi qui a fait la France, on nous signifie que nous étions en hôtel garni, que nous y demeurions en vertu d'une permission toujours révocable de l'Etat. La parole attristée du Cardinal Pie était donc bien vraie : « Jésus-Christ était un locataire chez lui. » Le locataire a cessé de plaire et l'Etat propriétaire l'expulse. Ou plutôt, non, il ne s'agit pas d'une expulsion ; il n'y aura, le rapport de M. Briand le dit, « aucune application brutale et inattendue » ; c'est un congé à terme que l'on nous donne et l'on nous accorde deux ans. C'est que, dans deux ans, les élections seront faites. A cette époque, le premier mouvement de révolte sera, du moins on l'espère, apaisé ; la foule, voyant les choses se passer comme autrefois se sera habituée à l'idée de séparation. L'Etat croit aussi rendre plus aisée l'application de la loi ; voilà pourquoi il consent le délai de deux ans, ainsi que le faisait remarquer M. Dèche.

Sans doute aussi, on nous promet que, si nous sommes bien sages, bien résignés, si nous ne disons rien, on nous laissera peut-être nos églises avec la tolérance d'y honorer notre Dieu, comme s'il s'agissait d'une manie peu dangereuse. Tout cela, Messieurs, ce sont des voiles menteurs, des voiles faits pour masquer l'ignominie et l'iniquité du projet aux yeux du plus grand nombre ; soulevez-les, vous trouverez une haineuse spoliation.

Encore si l'on devait laisser quelque liberté aux catholiques ainsi dépouillés ! Mais non. Les voies publiques ne connaîtront plus aucune manifestation religieuse : toutes processions sont interdites à l'extérieur des temples. De même les emblêmes religieux ne peuvent plus figurer en aucun lieu public : plus de croix, plus de calvaires ; si vous voulez avoir une croix, placez-la chez vous, peut-être, même, de façon à ce qu'elle ne puisse être vue du dehors, telle pourra bien en effet être l'interprétation donnée au texte légal par la jurisprudence. — Nous ne serons même pas libres à l'intérieur des édifices religieux. La surveillance des agents du pouvoir s'y exercera constante, le projet nous le dit, et des pénalités sévères seront encourues pour toute critique adressée à un membre du gouvernement ou à une loi quelconque. Les prédicateurs, les prêtres ordinaires de l'Eglise, les membres de l'association cultuelle, seront atteints par ces peines ; le temple pourra être fermé.

Voilà, Mesdames et Messieurs, ce qu'on nous présente comme une séparation « loyale ». Singulière séparation, où l'Etat garde tout et ne rend rien, mais aggrave sa surveillance et son contrôle, où l'Etat s'ingère dans les détails de la vie religieuse, se réserve le droit de limiter, de gérer et même d'accaparer les biens. Je n'invente rien ; certains articles du projet sont formels : l'Etat gèrera les biens des associations cultuelles et les ressources de celles-ci devront être remises dans une de ses caisses.

Je criais tout à l'heure à la spoliation, je vous montre maintenant l'arbitraire et la tyrannie. Nul n'a mieux défini ce projet que Clémenceau quand il écrivait : « C'est une nouvelle constitution civile du clergé, un concordat et des articles organiques faits sans le Pape et contre le Pape. »

Le mot de « séparation » est un leurre, c'est une loi d'oppression administrative que l'on prépare et, si l'on y résiste, ce sera la persécution. M. Briand déclare bien que l'application en sera faite dans un sens favorable et libéral ; mais nous commençons à savoir ce que valent les promesses des gouvernants républicains. Nous en avons entendu de semblables en 1901. On nous disait alors que la loi sur les associations était une mesure de protection pour le clergé séculier, que, même à l'égard des réguliers, elle serait appliquée libéralement. Nous avons vu les religieux poursuivis avec un acharnement sectaire, nous voyons aujourd'hui le clergé séculier atteint à son tour. Le projet de séparation est déjà très menaçant par lui-même ; que sera-ce quand la loi sera votée et complétée par un règlement d'administration publique?

Que devons-nous faire en présence d'une telle situation ? Telle est la question urgente qu'il importe de régler.

La solution la plus pratique et la plus sûre serait assurément d'arracher la France au régime néfaste qui l'étreint : ce serait la fin des projets persécuteurs, le salut des intérêts religieux dans notre patrie. Mais, à envisager seulement l'heure présente, un devoir s'impose aux catholiques et le Chef de l'Eglise leur a donné l'exemple. Le Pape Pie X terminait ainsi l'allocution consistoriale du 14 novembre 1904 : « Qu'arrivent les événements les plus amers, ils nous trouveront prêt et sans peur ». Paroles réconfortantes, Messieurs, mais aussi programme impératif. Nous aussi, il faut que nous soyons prêts, prêts à tous les sacrifices, prêts à la résistance, prêts à la lutte.

Pour cela, nous devrons d'abord nous pénétrer du but poursuivi par nos adversaires et le dévoiler autant que nous pourrons autour de nous, pour bien le faire comprendre à tous ceux qui ne sont ni aveugles, ni sourds volontaires. Il nous faudra ensuite protester de toutes nos forces, par tous les moyens possibles, contre cette atteinte à nos consciences, à nos libertés de catholiques, à nos droits de citoyens. Nous devrons surtout nous organiser, pour n'être pas ce troupeau d'individus sans cohésion, prêt à toutes les servitudes et à toutes les avanies, pour constituer un corps solide, cohérent, groupé autour de ses chefs, avec lequel on compte ; et, comme l'a dit un ancien Ministre, « on ne respecte que ce qui résiste. Permettez-moi d'insister quelque peu sur ces trois devoirs des Catholiques.

Tout d'abord, nous devrons nous convaincre des véritables intentions de nos adversaires et ne pas nous lasser de les signaler autour de nous. La recommandation, quoique la chose paraisse simple et évidente, n'est certainement pas inutile, tant il y aura de promesses menteuses de tolérance et de la liberté, tant aussi il y aura, malheureusement, de gens pour s'y laisser prendre.

Le but poursuivi, c'est d'abord de supprimer toute publicité du culte. Par là, la foule de ceux qui ne vont plus dans les églises perdra tout souvenir des choses religieuses et l'on espère tuer ainsi dans les âmes cette petite étincelle de foi qui survit longtemps alors qu'on la croit éteinte, pour avoir parfois de si brusques et si fulgurants réveils.

Mais tel n'est pas le but principal du projet. Le but primordial, c'est de laïciser la religion, de supprimer la hiérarchie, base fondamentale et essentielle de l'Église Catholique ; comme l'a dit M. Clémenceau, c'est « d'abattre définitivement l'autorité romaine ».

Ce que l'on cherche, ce que l'on veut réaliser, c'est un schisme, sous une forme nouvelle évidemment, appropriée aux circonstances ; mais, sachons le bien, ce à quoi tendent les hommes du jour comme jadis ceux de la Révolution, c'est à provoquer un schisme au sein de l'Église.

Aux yeux d'un croyant, il n'y a d'Évêque catholique que celui qui tient ses pouvoirs du Pape ; il n'y a de prêtre catholique que celui qui tient ses pouvoirs de son Évêque ; il n'y a de fidèle catholique que celui qui reconnaît l'autorité de ses pasteurs légitimes, prêtres et Évêques, et leur est complètement soumis sur le terrain spirituel. Voilà notre foi, voilà ce que nous devons croire à peine de n'être pas catholiques ; en dehors de cette doctrine, tout est hérésie et apostasie.

Que nous propose le projet de loi comme moyen pratique de continuer l'exercice de notre culte ? Reconnaît-il cette hiérarchie catholique avec le Pape à la tête, commandant aux Évêques et aux Prêtres qui nous portent sa parole ? Non. Il nous offre les associations cultuelles, c'est-à-dire précisément la hiérarchie renversée, le pouvoir partant d'en bas, le suffrage universel, en d'autres termes, mis à la base de l'organisation religieuse. Ce projet fait même abstraction complète de la personnalité des prêtres, si ce n'est dans les articles où l'on parle des pénalités à appliquer. Le rapport Briand n'y fait de son côté allusion que pour dire que les associations cultuelles auront un prêtre à leur disposition. « Un prêtre à leur disposition », vous entendez bien ! l'État ne veut connaître que les sept citoyens (ceux-là seront quelconques) qui représentent l'association cultuelle. Auprès d'eux sera un prêtre, instrument nécessaire peut-être mais, dans tous les cas, instrument subalterne et subordonné. Le principal, l'essentiel, ce sont les sept individus constituant l'association.

En proposant pareil système, l'État escompte que dans chaque commune et dans chaque ville plusieurs associations rivales se formeront, petites Églises se disputant, se contredisant, substituant à l'unité essentielle de l'Église catholique la diversité des sectes. C'est pourquoi aussi il ne veut pas concéder les édifices à perpétuité, pourquoi il veut rester maître de retirer les concessions faites et de contrôler les associations cultuelles. Il espère trouver demain, si ce n'est aujourd'hui, des groupements en rupture avec leurs pasteurs et les éléments nécessaires pour provoquer la rupture entre les catholiques. Provoquer cette rupture, émietter les forces catholiques : tel est l'idéal d'un certain nombre de députés et non des moindres, de M. Buisson notamment. Ce sera l'émancipation, l'affranchissement des consciences qui gémissent sous l'oppression romaine depuis trop de siècles.

Tout autre, Mesdames et Messieurs, sera, je l'espère, l'attitude des catholiques. La persécution les fera se serrer plus étroitement autour de leurs pasteurs. Mais alors, contre ces factieux, on emploiera les grands moyens. On prêtera l'oreille aux violents qui, dès maintenant, ne cachent pas leurs intentions, on réalisera le plan maçonnique ; on reviendra aux traditions de 1793, au régime des suspects. Les catholiques seront poursuivis, on leur prendra leurs églises. Déjà l'on y prépare l'esprit des masses et, pour n'en citer qu'un exemple, vous connaissez tous ces cartes postales éditées par le Comité de la libre-pensée représentant, l'une une église de village avec un écriteau : « A louer pour Université Populaire, Musée, Fêtes Laïques », l'autre, la Basilique du Sacré-Cœur avec cette inscription : « Palais du Peuple, Théâtre ». Ce sera l'œuvre de demain peut-être. Les catholiques seront chassés de leurs temples ; le Frère Charbonnel aura alors, comme il s'en vante, l'église Notre-Dame pour célébrer le culte de la Raison.

Telles sont, Mesdames et Messieurs, les vraies intentions de nos adversaires : diviser les catholiques pour pouvoir ensuite détruire ce qui restera de la religion. Voilà ce qu'il faut répéter partout et toujours, car beaucoup d'intelligences rencontrent si souvent le sophisme et le mensonge qu'elles n'ont plus la force de chercher la vérité et, l'ayant trouvée, de s'y attacher. (*Applaudissements.*)

Il faut protester de toutes nos forces contre le projet de loi spoliateur et tyrannique, par la plume, par la parole, sans nous lasser ni nous décourager jamais. Si je n'étais forcé de me hâter, je vous montrerais les efforts incessants de nos adversaires en faveur de la séparation. Ils nous donnent un exemple qu'il nous faut suivre. Prenons donc l'habitude de protester contre l'iniquité. Protestons dès maintenant pour empêcher s'il est possible, le vote de la loi et continuons à le faire même en présence du fait accompli.

J'entends, il est vrai, des prudents qui me disent : « A quoi bon une telle attitude ; la révolte sera inutile, plutôt nuisible, vous allez exaspérer l'adversaire et, si détestable que soit l'esprit dont s'inspire le projet, mieux vaut encore qu'il soit rédigé, discuté et voté avec nous que contre nous ». Mesdames et Messieurs, ce sont là conseils dont je respecte les auteurs..... mais, pour ma part, je ne les suivrai pas.

Ce système de transaction, depuis 30 ans, a été bien souvent préconisé. En maintes circonstances, on a suivi la politique du moindre mal, on n'a pas combattu telle mesure détestable par crainte d'en provoquer *une pire*. Voyez où cela nous a conduits. Nos capitulations successives ont enhardi nos ennemis. Il y a 4 ou 5 ans, la Séparation de l'Église et de l'État semblait une chose impossible à réaliser ; au jour même où a été nommée la Commission d'Études, on n'en parlait que comme d'une éventualité extrêmement lointaine.... aujourd'hui, la séparation est imminente.

Vraiment, le temps est passé d'adopter une tactique d'abdication aussi honteuse pour notre dignité que contraire à nos intérêts.

Je sais bien que nos protestations seront importunes aux députés qui discutent le projet ; mais croyez-vous qu'à cause d'elles la loi sera votée contre nous, non avec nous ? Le projet a-t-il donc déjà été discuté avec nous ? M. Dèche vous rappelait la protestation indignée de la minorité de la Commission contre la précipitation avec laquelle la majorité poursuivait son œuvre sectaire. Pensez-vous que, lorsque la Chambre discutera le projet, ce sera avec le désir de trouver un terrain honnête, loyal, de transaction et d'entente ? Je le souhaiterais ; mais je ne le crois pas, ni vous non plus. (*Applaudissements.*)

Certes, les intérêts religieux auront au Parlement d'éloquents défenseurs et nous en avons entendu un ici. Notre honorable Président mettra également au service de cette cause des accents élevés et indignés ; il les trouvera d'autant plus facilement qu'il ira les chercher non dans son beau talent de parole mais dans son cœur. (*Applaudissements.*)

Mais enfin il n'est douteux pour personne que, si la loi est votée, elle le sera contre nous.

Nous protesterons donc, ne fût-ce que pour accomplir un devoir, pour décharger nos consciences. Celui qui se voit dépouiller sans crier au voleur fait preuve de lâcheté ou de peu d'attachement pour le bien qui lui est dérobé. Et l'on voudrait nous imposer le silence quand il s'agit de notre foi religieuse, c'est-à-dire du bien qui nous tient le plus au cœur, que nous avons reçu de nos pères, que nous voulons garder intact pour le transmettre ensuite à nos enfants. (*Applaudissements.*)

Nous protesterons aussi parce que, en dépit de l'opinion et des apparences, une juste protestation n'est jamais inutile et parce que la prudence humaine s'exagère souvent beaucoup trop l'impuissance de la force morale contre la force physique. Nous protesterons avant le vote d'abord, pour soutenir et encourager nos amis, pour jeter quelque trouble dans la conscience des hésitants, pour montrer aux sectaires qu'ils ne sont pas libres de dominer nos consciences.

Nous protesterons également après, même en présence du fait accompli, parce que la protestation interrompt la prescription, parce qu'elle prépare le retour en arrière, parce qu'elle empêche la confusion du fait et du droit et que de cette confusion seulement résulterait la défaite définitive et irrémédiable du droit. Oui, Messieurs, tant qu'il reste un cœur honnête pour s'y attacher, une volonté ferme pour le proclamer, le droit ne meurt pas. La force brutale, même si on la décore du beau nom de droit, peut le violer, mais le supprimer... jamais ! (*Applaudissements.*)

Nous protesterons et non seulement par des paroles, mais par des actes. Il faudra nous organiser, nous organiser sérieusement, pour la lutte. Nous marcherons loyalement, la main dans la main, entre catholiques. Devrons-nous pour cela accepter le système proposé par le projet de loi ? Devrons-nous former des associations cultuelles ? Devrons-nous louer les églises qu'on nous a volées, à l'État spoliateur ? Si je n'écoutais que mon sentiment personnel, intimement froissé par une telle pensée, je vous dirais non sans hésiter, quelque graves que pussent être les conséquences d'une telle décision : cela, je ne le ferais pas. (*Applaudissements.*)

Mais il y a là une question très complexe, qui dépasse de beaucoup la compétence de tous ceux qui sont ici et dont la solution viendra de plus haut. Pour nous, nous attendrons cette décision ; puis, quand elle sera venue, nous obéirons, ce sera la loi pour nous. En pareille matière nous sommes des soldats, nous devons obéissance à nos chefs.

Je remarque seulement que, même acceptable, une telle organisation serait insuffisante pour faire vivre une foule d'œuvres qui tiennent à la religion par les liens les plus étroits et que nous deons avoir à cœur de conserver. Les associations cultuelles, d'après le projet gouvernemental, ont, en effet, une sphère d'activité strictement limitée. Du reste, ce serait folie pure de créer dès maintenant de telles associations. Nous ne savons pas encore ce que sera la loi; nous ne savons pas davantage ce que nous diront à cet égard nos supérieurs spirituels.

Cela ne veut pas dire qu'il faille demeurer les bras croisés, laissant aux ennemis le soin de décider de notre sort. Non, certes. Il faut faire face aux exigences d'une situation nouvelle et difficile par un moyen quelconque qui réalise ce double but : garantir absolument au clergé la suprématie spirituelle et aux prêtres la dignité la plus complète, même dans l'ordre temporel ; en même temps, grouper tous les fidèles autour de leurs pasteurs, sans distinction de drapeau, quelles que soient les situations personnelles, quelles que soient les opinions politiques, quelles que soient les fortunes. En un mot, il nous faut reconstituer la paroisse, la vraie paroisse avec le curé à sa tête, mais non pas seulement pour les fidèles, la paroisse avec les fidèles et par eux. (*Applaudissements.*)

Pratique bien nouvelle ou mieux bien oubliée en France ; car c'était autrefois la règle universellement suivie dans notre pays. Nous devrons y revenir en nous plaçant sur le terrain du droit commun que nous présente aujourd'hui la loi de 1901 sur les associations.

Cette tradition doit renaître, et, au point de vue des intérêts matériels de l'Église, en présence de l'hostilité des pouvoirs publics, les fidèles laïques seront obligés de s'occuper des questions pécuniaires qu'ils soulèvent. On verra donc naître des associations paroissiales dont le curé sera l'âme et qui grouperont tous les catholiques. Collaboration indispensable au point de vue budgétaire d'abord, car, pour faire face aux besoins nouveaux du culte sans sacrifier les œuvres existantes, il faudra l'appoint du plus pauvre comme du plus riche. Mais union cent fois plus nécessaire au point de vue moral. La masse est toujours un peu envieuse et méfiante vis à vis des classes riches : ne serait-elle pas tentée, plus encore qu'aujourd'hui, de prêter l'oreille à ceux qui viendraient lui présenter le prêtre, non comme l'homme de tous, mais comme l'homme de quelques-uns, comme le chapelain du châtelain, du patron, parce que ceux-ci lui font son traitement. Ce serait injuste sans doute, mais certainement ce serait dit et, malheureusement, il se trouverait des dupes pour se laisser prendre à de tels mensonges. D'ailleurs est-il possible d'espérer un réveil des intelligences et des cœurs, si tout le monde ne doit pas souffrir, un peu au moins, de la Séparation? Enfin, s'il ne dépend pas de nous de conserver aux questions religieuses le caractère d'affaires publiques, du moins nous pouvons empêcher qu'elles deviennent choses purement individuelles, nous devons, par la collaboration du plus grand nombre, les maintenir à l'état d'affaires sociales.

Que partout donc les associations paroissiales se fondent, rapprochant le clergé des fidèles, encourageant le prêtre dans sa tâche difficile par la certitude de pouvoir s'appuyer sur un noyau solide et dévoué, provoquant dans la paroisse une recrudescence heureuse de vie catholique. Mais, isolées, ces associations végéteraient trop souvent faute d'appui moral ou de ressources. Ailleurs, au contraire, elles auraient trop d'autonomie. Aussi bien la base presbytérienne est aussi contraire aux traditions qu'à la doctrine catholique. Par conséquent, ces associations devront se fédérer en unions diocésaines qui en seront le couronnement et l'élément pondérateur. Moins accessible aux querelles de clocher, moins préoccupée d'intérêts purement locaux, l'union donnerait à chacune des associations une direction générale et unique ; à toutes elle fournirait un appui moral, à quelques-unes une assistance matérielle. Si donc la création des associations paroissiales nous paraît nécessaire, l'œuvre serait incomplète si l'on n'ajoutait l'union diocésaine à leur tête.

Du reste tout cela n'est qu'un cadre et, si important qu'il soit de l'établir solidement, rien ne serait fait si l'on n'y doit pas sentir circuler la vie active, le sentiment religieux. Grouper les catholiques, c'est bien, quoique difficile; les maintenir à l'état de force organisée et cohérente et les faire agir comme tels, ce sera encore plus difficile, mais ce sera mieux, et j'ajoute que ce sera indispensable. Pour atteindre ce résultat, il faudra chez tous ou du moins chez beaucoup, de la part des laïques comme des membres du clergé, un surcroît de zèle, de dévouement, un renouveau de fraternité et de charité chrétienne ; il faudra au besoin prouver à M. Briand et à ses pareils que le temps des martyrs n'est jamais passé quand il s'agit de défendre la religion catholique.

Ces sacrifices individuels d'ailleurs ne seront pas inutiles. Ils sauregarderont la foi de beaucoup pendant la crise et ils prépareront, comme l'a fait le dévouement des Vendéens sous la Révolution, le retour de la France officielle aux idées religieuses.

Nous comptons fermement sur ce retour. Si quelques catholiques découragés nous disent que le triomphe final est promis à l'Église Catholique, mais non à l'Église de France, nous emprunterons notre réponse à Pie X et nous dirons avec lui : « C'est vrai, le maintien du catholicisme en France n'est pas de foi, mais il est de tradition ». A vous, Mesdames et Messieurs, au zèle des Catholiques Français, de ceux-là surtout qui restent invinciblement attachés à toutes les traditions françaises, de conserver, de sauver la plus haute de toutes nos traditions : la Tradition Religieuse.

(Applaudissements prolongés.)

Discours de M. Paul LEROLLE

Président de la Réunion, Député de Paris

Mesdames,
Messieurs,

Permettez-moi, tout d'abord, en notre nom à tous, de m'associer aux regrets exprimés par M. le Dr Le Fur, au sujet de l'absence de M. Delahaye. Il nous a manqué ce soir, comme il manque depuis trop longtemps au Parlement. (*Applaudissements.*)

A cette heure tardive, ne craignez pas de moi un long discours. Je tiens avant tout à remercier M. le Dr Le Fur et les membres du Comité directeur de l'*Entente Nationale* d'avoir organisé cette réunion. Je suis un peu étonné, peut-être, d'être appelé à la présider. J'ai pourtant accepté bien volontiers cet honneur, d'abord par sympathie pour M. le Dr Le Fur à qui on ne peut rien refuser, et aussi parce que j'ai subi la séduction de ces deux mots : « *Entente Nationale* ». (*Applaudissements.*)

L'entente, c'est le vœu de tous les bons Français, c'est l'urgente nécessité. Et quand un groupe d'études permet à des hommes de bien, divisés sur bien des questions, mais unis sur les principes essentiels à tout régime, de rechercher ensemble, à travers la diversité de leurs pensées, les moyens d'assurer ces principes, comment ne répondrait-on pas à son appel? C'est ce que nous avons tous fait ce soir. Les orateurs que vous avez entendus, viennent de différents points de l'horizon politique, mais ils vous ont montré qu'ils avaient le même ardent désir du bien, dans l'esprit la même indignation, dans le cœur la même énergie de volonté. Ils ont fait mieux que nous charmer par l'éloquence de leur parole : ils ont fait naître en nous ou confirmé les fécondes résolutions. De cela, nous les remercions tous.

Cette question de la séparation de l'Eglise et de l'Etat, n'est-elle pas au reste une question éminemment nationale en même temps que religieuse? Il semble, qu'avant de la trancher, qu'avant d'entrer dans l'inconnu redoutable où on engage le pays, il eût été loyal au moins de le consulter. Car jamais encore on ne lui avait parlé de la séparation ; on ne lui a pas posé la question aux dernières élections. Mais qu'importe aux sectaires? Ils ne veulent pas avoir de ces scrupules, et ne reculent pas devant un acte qui sera une véritable usurpation du Parlement sur les droits de la nation...

Ils feront ainsi, sans droit, la rupture fatale avec nos longues traditions, avec un passé tant de fois séculaire. Le christianisme pourtant n'est pas seulement une religion, il est aussi le grand fait historique dont la France est pénétrée. Relisez notre histoire, parcourez nos villes et nos campagnes, partout vous trouverez mêlés ensemble les reliques de notre religion et les monuments de notre épopée nationale. Les héros qui ont fait nos frontières, ce sont des héros chrétiens ; les œuvres d'art dont notre sol est jonché, c'est la pensée chrétienne qui les a inspirées. Laissez chanter en vous la voix des aïeux, c'est le *credo* catholique qu'elle chantera. Tout ce long passé nous a fait une mentalité chrétienne, a créé en nous nos vertus de race. Et ils veulent nous faire répudier tout cela, au risque de mutiler l'âme française, elle-même ! La séparation faite ainsi, sous le coup des haines sectaires, ce serait une véritable apostasie autant nationale que religieuse. (*Applaudissements.*)

Non pas que la religion puisse être seulement une tradition. Le jour où elle ne serait qu'un fait traditionnel, la religion serait morte. En faire seulement une partie respectable de la patrie, c'est la rabaisser, c'est lui enlever son caractère divin, pour en faire une chose humaine. Non, la religion ne peut pas être que cela, elle est une foi, et dans notre pays, encore et malgré tout, une foi vivante !

Il y a quelques jours, je présidais à Marmande le congrès de l'Association de la Jeunesse catholique, et pendant que 900 jeunes gens de toutes les classes sociales parcouraient les voies de la ville, j'entendais dire autour de moi : « Mais d'où sortent-ils ? » Ils sortaient de ce vieux sol français imprégné du sang des héros et des martyrs chrétiens, ils sortaient de cette terre où leurs pères ont semé le christianisme. Il suffit d'arracher l'ivraie qui la recouvre : la terre est restée féconde et le christianisme y germe toujours. (*Applaudissements.*)

Et cette religion si vivante encore, qui est la force de vie de tant de Français, l'Etat refuserait de la connaître ! On prétend la réduire à je ne sais quel vain formalisme, lui interdire ses belles expansions de propagande et de charité. On détruira l'union de l'Eglise et de l'Etat, mais l'Eglise restera liée à l'Etat, dans une situation humiliée, sous la surveillance de la police. Qui de nous acceptera cela ?

Pourtant, il y a encore des illusions, même parmi certains catholiques, sur le lendemain de la séparation. Las des tracasseries odieuses que la religion supporte depuis trop longtemps chez nous, on espère que l'ignorance par l'Etat des choses religieuses donnera au moins à l'Eglise l'indépendance. Chimère, cet avenir espéré ! D'abord cette séparation absolue des deux pouvoirs, est-elle possible ?

Il est facile en théorie pure de distinguer le temporel et le spirituel, mais dans la pratique la distinction est moins nette. Si le temporel et le spirituel exercent leur pouvoir dans des sphères différentes, ils opèrent nécessairement sur le même domaine qui est l'homme, et par conséquent il y a des contacts inévitables. Et quand un homme est pénétré d'une pensée religieuse profonde, elle domine toute sa vie, l'oblige à des manifestations extérieures, qu'aucun gouvernement ne peut ignorer. (*Applaudissements.*)

On nous objecte, je le sais, l'exemple des États-Unis. Mais combien la situation est différente entre les deux pays ! Les États-Unis ont-ils nos longues traditions ? Avons-nous leurs mœurs de la liberté ? Là-bas, si l'État ne subventionne aucune église, il leur assure à toutes une égale liberté, dans un même respect. L'État américain est officiellement chrétien, officiellement il adore le Dieu des chrétiens, et quand il envoyait à la France la statue de La Fayette, il ne craignait pas de s'y faire représenter par un évêque catholique. En serons-nous là, après la séparation ? Lisez le rapport de M. Briand. Vous y trouverez, par exemple, lorsqu'un prêtre sera appelé dans un hôpital, il pourra recevoir une indemnité comme « tout fournisseur ordinaire ». La religion un commerce, voilà le dédain dont on entoure le peu de liberté qu'on lui laisse. Comment la respectera-t-on ?

Admettons cependant que mes prévisions soient trop pessimistes. Une coalition de bonnes volontés a pu imposer aux sectaires une séparation faite dans la liberté. Nous nous installons dans cette liberté, loyalement. Combien cela durera-t-il ? Pensez-vous que les

... qui imposent la séparation à tant de gens qui la voteront sans la vouloir, seront satisfaites d'être arrivées seulement à rendre au Pape la libre nomination des Evêques? Rappelez-vous ce qui est arrivé pour les lois sectaires et d'Association.

On avait dit aux catholiques pour l'enseignement : « l'État neutralise ses écoles, mais vous aurez les vôtres, où vous enseignerez librement vos enfants. » Qu'a-t-on fait de cette liberté promise?

En supprimant les congrégations non autorisées, on promettait de ne pas toucher à celles qui avaient l'autorisation et surtout de ne pas porter atteinte aux droits du clergé séculier. Où sont aujourd'hui les congrégations autorisées, et demain, que seront devenus les droits de nos prêtres et ceux de l'Église?

Non, non, ceux qui ont entrepris de faire cette séparation, n'ont d'autre pensée que de détruire la religion, de déchristianiser notre pays, en détruisant l'unité catholique. Ce qu'ils rêvent, c'est une organisation contraire à la hiérarchie de l'Église, ce sont des sectes dissidentes dans le catholicisme, ce sont des schismes livrant nos églises à des prêtres apostats. Pourtant ne fait pas de schisme qui veut. Et quand un renégat s'emparerait de Notre-Dame comme on l'a annoncé, ce serait un scandale, ce serait une infamie ajoutée à d'autres, mais ce ne serait pas un schisme. Les fidèles ne les suivront pas.

Et s'ils veulent refaire la tentative de 1790, refaire, comme la Franc-Maçonnerie l'a décrété, une nouvelle constitution civile du clergé par des Associations cultuelles constituées au mépris de la hiérarchie catholique, ils trouveront devant eux les mêmes résistances qu'autrefois. Alors l'immense majorité de nos prêtres et des évêques préférait l'exil, la prison, et même l'échafaud au serment schismatique qu'on prétendait leur imposer; il y aurait aujourd'hui, devant les mêmes prétentions, les mêmes belles révoltes des âmes. (*Applaudissements.*)

Mais ne nous laissons pas prendre aux modérations feintes, aux adoucissements provisoires de la loi. Parmi ceux qui veulent la séparation ou s'y résignent, il y en a qui de bonne foi parlent de liberté, je le sais. Mais pour d'autres, la modération n'est qu'une tactique. A la veille de la Passion, ceux qui voulaient s'emparer du Christ, disaient: « Surtout que ce ne soit pas pendant la fête, de peur qu'il ne s'élève quelque trouble parmi le peuple. » Eux, ils se disent : « Surtout que ce ne soit pas avant les élections ! » de peur que le peuple ne s'aperçoive trop de ce qu'ils veulent faire.

Mais le lendemain ! La loi n'est pas faite, et on parle déjà de la réviser. Qu'attendre de ceux qui déclarent que la prison seule est due aux prêtres, et qu'il faut se débarrasser de la religion comme on se débarrasse de la peste. La séparation est voulue, elle sera imposée par les violents, elle aboutira à la guerre et aux violences. (*Applaudissements.*)

Élevons donc, Mesdames et Messieurs, nos cœurs à la hauteur de nos devoirs. Ces devoirs, tous nos orateurs vous les ont dits, et vous les avez applaudis. Laissez-moi seulement vous demander de chercher un peu notre tactique. Nous nous obstinons à défendre et à conserver. Hélas, ce que nous défendons est détruit, et ce que nous voulons conserver, nous ne l'avons plus. C'est de conquête et non défense qu'il s'agit aujourd'hui. Il faut reconquérir nos droits, il faut reprendre dans ce pays la place qui nous appartient. Pour la défendre, la patience peut suffire : pour la conquête, il faut d'autres audaces : c'est à ces belles audaces que je vous convie. (*Applaudissements.*)

Dites-vous bien surtout, que toutes les décisions parlementaires ne sont pas des lois. Le droit est antérieur et supérieur à toutes les décisions humaines, c'est lui qui les juge, les approuve ou les condamne. Toute loi contraire au droit éternel, on peut l'imposer par la force, elle ne mérite pas l'adhésion des consciences. (*Applaudissements.*)

Soyons donc résolus au bon combat, le cœur et l'esprit large ouverts, sans haine pour personne, ne nous servant que d'armes loyales, mais décidés à ne rien céder ni de notre droit, ni de notre devoir. Et si les obstacles paraissent parfois insurmontables, rappelons-nous qu'il y a une force supérieure à toutes les difficultés, c'est le dévouement, c'est le don de soi-même allant jusqu'au sacrifice. O'Connell qui a libéré l'Irlande avait coutume de dire, qu'il fallait par l'action incessante sous toutes les formes « lasser l'injustice et forcer la main à la Providence. »

Suivons ce conseil. Écoutons aussi notre grande Jeanne d'Arc nous révéler le secret de la victoire. Au milieu des triomphes de sa vie guerrière, entourée des acclamations du peuple aux fêtes du sacre de Reims, elle prévoyait sa mort cruelle et elle disait : « Je sais bien que les Anglais me brûleront, mais ils n'auront pas la France. » (*Applaudissements.*)

« Je sais bien qu'ils me brûleront » : c'est le sacrifice généreusement accepté ; « mais ils n'auront pas la France » : c'est la foi invincible dans l'avenir de son pays. Ayons au cœur un peu de ce dévouement ; conservons inaltérable la foi aux cœurs que nous servons. Et malgré tout, même sur les ruines accumulées, saluons ensemble, forts de ce dévouement et de cette foi, les jours où nous verrons la France pacifiée et le droit triomphant. (*Salve d'applaudissements.*)

M. André de Fouquières, au zèle duquel on ne s'adresse jamais en vain, a clos la série des discours, en faisant appel au dévouement et à la générosité des adhérents de l'*Entente Nationale*. Son appel a été entendu et sa vibrante allocution a rendu facile la tâche des Dames quêteuses dont la recette a été très fructueuse.

Allocution de M. André DE FOUQUIÈRES.

Mesdames,
Messieurs,

Prié de prendre la parole au dernier moment par le Dr Le Fur dont l'activité égale l'enthousiasme, qu'il me soit permis de dire un mot, un seul mot, le mot final ; je m'en excuse auprès de vous, vous dont les oreilles résonnent encore des paroles vibrantes d'autorité et de raison prononcées ici ce soir.

L'étude de la défense de toutes les libertés nationales n'est-ce pas un programme suffisant pour expliquer la nécessité et l'utilité du groupe de l'*Entente Nationale* ?

Il faut que ce programme soit entendu et développé à toutes les extrémités de la France.

Une croisade de ce genre ne s'entreprend qu'avec des munitions ;

à l'apostolat, il faut des ressources et ces ressources, nous vous les demandons à vous qui appartenez à la France belliqueuse.

La série des conférences que nous voulons entreprendre est nécessaire pour éclairer le peuple et lui faire comprendre que la séparation de l'Eglise et de l'Etat comprise comme elle l'est par le gouvernement est l'étranglement de la liberté.

Apprenons au peuple des provinces que les intentions de nos ennemis politiques sont perverses et mensongères sous des apparences généreuses.

Ne laissons pas croire à nos amis que la loi ainsi appliquée serait la diminution des impôts ; elle nécessiterait au contraire un surcroît de charges et de sacrifices.

Au Congrès de la Libre Pensée, opposons le faisceau de toutes les énergies françaises militairement organisées.

A l'usage de ces conférences, de cette propagande, nous faisons appel à votre générosité au nom de votre amour de la terre natale et nous réclamons instamment vos adhésions qui peuvent être adressées au Comité de l'*Entente Nationale*.

Nous espérons que le sourire des dames quêteuses ce soir voudra bien vous inspirer et vous engagera à faire plus et mieux encore pour l'*Entente Nationale* qui n'est que l'union de toutes les énergies françaises en face de l'ennemi.

Sur le terrain des libertés, tous se retrouvent, mûs par une même pensée d'indignation.

A l'heure du danger, il est nécessaire de se donner la main, de serrer les rangs et de batailler sabre au clair.

Ne s'agit-il pas de l'avenir de vos familles, par conséquent de la destinée de la France ! (*Applaudissements.*)

Deux Lettres de M. Jules DELAHAYE

Ancien député.

M. Jules Delahaye, dont nous apprécions tant à l'*Entente Nationale* la haute autorité, l'énergie réconfortante et le grand talent de parole, était inscrit parmi nos orateurs, et tout le monde se faisait une fête de l'entendre traiter avec son éloquence habituelle le grave problème de la séparation de l'Eglise et de l'Etat : malheureusement, au dernier moment, il s'est trouvé empêché d'assister à notre Réunion pour raisons de santé, et il a fait remettre à M. Le Fur la lettre suivante :

CHER MONSIEUR,

Jusqu'au dernier moment, j'ai cru qu'il me serait possible de tenir ma promesse. Mais les forces me manquent. Je suis obligé de prendre le lit et de vous prier de vouloir bien m'excuser près de votre auditoire. J'aurais été heureux de contribuer de mon mieux à l'*Entente Nationale* que vous poursuivez et sans laquelle nous ne pourrons secouer le joug des coquins qui nous gouvernent.

Avec tous mes regrets, je vous prie d'agréer, cher Monsieur, l'expression de mes sentiments les meilleurs et les plus distingués.

JULES DELAHAYE.

Le Docteur Le Fur et M. Lerolle se firent successivement l'interprète des regrets unanimes causés par l'absence du vaillant orateur. M. Delahaye a bien voulu, dans une lettre ultérieure, résumer pour nos amis les quelques idées qu'il aurait développées à notre Réunion, s'il eût pu y prendre la parole :

« Puisque vous voulez bien me le demander, j'ajoute que si j'avais pu répondre à votre appel et traiter le sujet que vous dé-

« siriez, j'aurais pr[illegible]
« cette forme :

« Sommes-nous, oui ou non, en pleine Révolution ?

« La Séparation de l'Église et de l'État est-elle, oui ou non, [illegible]
« acte de spoliation et de violence révolutionnaire ?

« J'aurais répondu affirmativement à ces deux questions, en « comparant l'époque de 1790, 1791, 1792 à la nôtre, les mesures « de ce temps aux mesures du nôtre.

« J'aurais conclu qu'à la violence il n'y avait d'autre remède que « la violence, à la force brutale que le sacrifice jusqu'au sang pour « la vérité et le droit. J'aurais cité à l'appui de cette opinion, non « seulement les doctrines antiques du paganisme sur le droit natu- « rel, mais aussi la doctrine catholique.

« Enfin j'aurais soutenu que dans la confusion des écoles politi- « ques venant de la confusion et de l'oubli de l'histoire et des tra- « ditions françaises, la politique du solutionisme préconisée par « Paul de Cassagnac et ses successeurs était à la fois la plus ration- « nelle et la plus pratique. »

« Jules DELAHAYE. »

Nous sommes heureux de pouvoir publier ces deux lettres de Monsieur Delahaye, et nous le remercions sincèrement pour l'approbation qu'il veut bien donner à notre programme.

Bourges. — Imprimerie TARDY-PIGELET, rue Joyeuse, 15.

www.ingramcontent.com/pod-product-compliance
Ingram Content Group UK Ltd.
Pitfield, Milton Keynes, MK11 3LW, UK
UKHW021827230726
13924UKWH00015B/1109

9 782019 957285